現代の簿記論

篠原 淳　古市 承治　梅田勝利 編著

BOOKKEEPING THEORY

税務経理協会

は じ め に

　情報化社会の進展に伴い，企業における経営活動は大量のデータをどのように処理し，分析していくかにかかっているが，その活動を客観的で有用なデータに変えるために必要なのは，今もなお複式簿記のシステムである。ITの進展は，企業の経営活動の基礎となるデータを記録する仕訳の段階から自動化が可能な状況に深化してきているし，仕訳から財務報告書の完成まで全く人の手を返さないで行われる可能性は，すでに整いつつあるといっても過言ではない。現在人が判断しなければならない部分もAIがすべて行うのが当たり前とされる日も近い将来訪れるであろう。

　財務データの分析についてのノウハウをAIに学習させていけば，場合によっては，会計分野は一番自動システム化しやすい部分であるかもしれない。

　しかし，AIで実行させるにもその基本となるシステムは昔から存在する簿記システムであり，より良い処理の自動化を実現するシステムの構築には，処理内容に関する的確な判断ができる人材が関与しなければ，機能するシステム構築は困難であるといえる。AIがいくら万能のように思われても，そのシステムに障害をきたして再構築していくためには，まだまだ人の判断が必要であるし，これまでと違った状況が生じたときには，やはり人の判断がバックにあってこそ自動化がより進められる可能性を有している。つまり，機械化や自動化が進んでも基本的には人の判断がその基本にあるということであり，簿記会計システムも例外ではない。

　本書は，複式簿記機構を理解しようとする学生・生徒や，経理・財務担当者などを対象として執筆した。前者においては，就職・進学を目的とした資格取得などに役立つであろうし，後者においては，スキルアップ・キャリアアップを目的とした基礎的・基本的な知識の習得に役立つであろう。読者の方々が，目的や目標を達成するにあたって本書を活用してくだされば編著者および著者

としてこれ以上の喜びはない。

　最後に，本書の出版にあたり税務経理協会代表取締役社長大坪克行氏および同社シニア・エディター峯村英治氏に大変お世話になった。ここに深甚の謝意を表する次第である。

　令和2年12月

編著者　篠原　淳・古市承治・梅田勝利

執筆者一覧

篠原　淳（第 1 章，第 2 章，第 12 章）
埼玉学園大学教授

日野修造（第 3 章，第 4 章）
中村学園大学教授

森田英二（第 5 章，第 6 章）
宮崎産業経営大学准教授

中原康征（第 7 章）
東海大学経営学部講師

古市承治（第 8 章）
長崎県立大学教授・税理士

小谷　学（第 9 章，第 10 章）
熊本学園大学商学部准教授

寺井泰子（第 11 章）
西南女学院大学非常勤講師

國崎　歩（第 13 章）
九州共立大学専任講師

山口義勝（第 14 章，第 17 章）
元　日本経済大学教授

中西良之（第 15 章，第 16 章）
北海商科大学教授

梅田勝利（第 18 章，第 21 章，第 22 章）
九州共立大学教授

堺　貴晴（第 19 章，第 20 章）
別府大学准教授

目　　次

現代の簿記論

篠原　淳
古市承治　編著
梅田勝利

第 1 章

簿記の基礎概念

企業の経済活動の状況を知るためには，その活動が記録されていかなければ把握することはできない。その記録の役割を果たすのが，簿記である。

事前学習

次の項目について考えてみよう。

1　簿記はなぜ必要なのか。

2　簿記が記録するものはどんなことか。

3　複式簿記とは，どんなものなのか。

4　簿記一巡の手続きとは，どのような流れで行われるのか。

Ⅰ　簿記の意味

　企業は，その活動を通して，できるだけ多くの利益を上げようとする。その活動を一般的に企業の経済活動といい，この活動を客観的に把握していくためには，貨幣額を単位として測定可能な部分に着目して記録し，その結果をまとめることで企業の経営活動の状況を明らかにすることが可能となる。

　しかし，その記録もまちまちであれば，まとめたり，まとめたものを分析したりすることはできない。そこで記録のルールを一般化し，先に述べたように貨幣額を単位とした上で，帳簿に記録・計算・整理して，企業の財産や損益がどうなっているのかを報告する技術として「**簿記**（book-keeping）」という処理方法が生まれたのである。

　もちろん，処理する技術は，考え方（理論）を伴わなければ，正しい判断を下せる記録としての簿記は成立しない。そういう意味では会計と簿記は密接な関係を持っており，両者をきちんと理解することが大切である。

Ⅱ　簿記の目的

　前述のように簿記は単なる記録ではなく，きちんとした目的を持っており，その目的を果たすことが重要である。

　簿記の主な目的として，以下の点があげられる。

① 企業の日々の経営活動の内容を，順番に取引別にもれなく記録して計算すること。

② 一定時点での企業の財産等がどのようになっているかという状態を明らかにすること。

③ 一定期間の企業の活動をその活動にかかった金額とそれによってもたらされた金額の差を計算して，もうけが出たのか損をしたのかを把握すること。

　こうした目的を簿記は会計の考え方にのっとったルールに従って帳簿に記録し，それを整理してまとめて報告書をつくりあげる。

 # 簿記の種類

　簿記は，記録する内容によって，**単式簿記**と**複式簿記**に分けられる。

(1)　単式簿記

　現金の収支や債権・債務等の部分的事項の増減を備忘的に記録していくもので，他の勘定との関連性については記録しない。

　具体的に，現金という一つの項目の収支（増減）を単式簿記で記録するやり方をみてみる。

例題 1－1
　4月2日にガス代5,000円を現金で支払った。
　　4月2日　支出　ガス代　　5,000円

例題 1－2
　4月15日に銀行から現金10,000円を借り入れた。
　　4月9日　収入　借入　　　10,000円

　このような形で繰り返し記録していき，収入の合計から支出の合計を引けば，手許の現金がどれだけ増えたのか，あるいは減ったのかが分かる構造となっている。しかし，個々の取引での記載はあっても他との関連性が示されないため，単純でわかりやすい反面，他の知りたい情報を得るには，新たに別の形でまとめ直しが必要となる。

　例えば，現金を 10,000 円借り入れて現金が増えたのは分かっても，借入金が今どのくらいあるのかは，単式簿記での現金の記録だけでは分からない。

(2)　複式簿記

　複式簿記は「**原因**と**結果**とが対になっている」という取引の二面性に着目して，取引を原因としての側面と結果としての側面でとらえる。例えば，上記の

例題1−1で考えれば，ガス代を現金で支払ったという1つの取引は，ガス代の発生という側面と現金の支払いという側面があり，ガス代の発生という原因とその結果代金を現金で支払ったという結果の2つの側面がある。

例題1−2であれば，銀行から借り入れをしたことが原因で借金が増えたが，その結果，現金が増えたという2面性がある。

複式簿記ではこの考え方にそって取引の原因と結果の観点から左右（借方と貸方）に同一金額となるように記録していく。こうすることで，最終的に左右（借方と貸方）の合計額は常に一致する。これを**貸借平均の原理**という。

Ⅳ 簿記の前提条件

会計単位とは，簿記の記録・計算・整理の対象をいい，簿記では，企業活動における金銭や物品の記録・計算・整理をその対象としている。

また，企業は永続的存続が前提であるので，計算する期間を設定しておく必要がある。これを**会計期間**といい，通常は1年間と定めている。例えば，4月1日から翌年の3月31日の1年間である。会計期間の始まりを**期首**，終わりを**期末**という。

企業の経営活動を記録・計算・整理するには，共通の尺度（測定単位）が必要であり，簿記では，貨幣金額が共通の尺度とされる。つまり，貨幣価値（価値の増加・減少）を伴うものだけが，簿記の対象となり，簿記上の取引とされる。

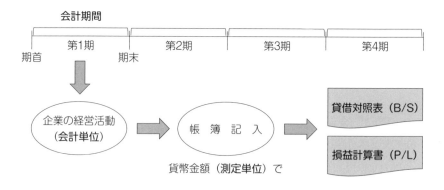

簿記一巡の手続き

　企業の経営活動のうち，簿記上の取引について記録・計算・整理する過程は，下記のような流れで行われる。これを**簿記一巡の手続き**という。

　簿記上の取引は，企業の経営活動の中で継続的に行われているので，簿記上の取引は，毎日たくさん行われている。そこで簿記上の取引とされるものを記録するために**仕訳**という記録手段を用いて**仕訳帳**に記録する。仕訳帳に記録された情報は，各取引で独立しているため，同じ内容を勘定と呼ばれる項目ごとに記録し直していく（転記）ことで整理しやすくなる。

　例えば，各取引に出てくる現金の出入りを現金という一つの勘定でまとめることで，増加や減少が分かるような記録となる。このように各勘定に転記する帳簿を**総勘定元帳**（元帳）という。

　会計期間が経過して整理する段階になるとそれまでの日々の取引記録の正確性を検証するために**試算表**が作成される。

　通常，期末において作成される。必要に応じて毎日，毎週，毎月末といった形で期中にも作成される。（それぞれ日計表，週計表，月計表と呼ばれる）。

　試算表作成後，会計期間途中では対応できない部分について**決算整理**を行って最終的な報告書として**貸借対照表**や**損益計算書**といった**財務諸表**を作成する。

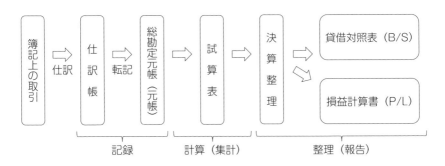

　仕訳という記録方法が，簿記（複式簿記）の出発点であり，これが誤っていると間違った情報としてまとめられてしまう。

　よって，仕訳は，簿記上の各取引を正確に記録していかねばならない。「簿記は，仕訳に始まり仕訳に終わる。」といわれるほど単純ではあるが，情報の基本となる重要な作業である。

　仕訳は，簿記の目的を達成するためにも，仕訳のやり方をしっかりと理解し，簿記上の取引を正確な記録として残すための複式簿記の重要項目である。

☀ 事 後 学 習

　以下の事項について簡単に説明しなさい。

1　簿記の目的

2　複式簿記の特徴

3　簿記の前提条件（会計単位・会計期間・測定単位）

4　簿記一巡の手続き

☀ 事前学習解答

1　企業の経営活動を客観的に把握するために，共通のルールを用いて貨幣額を単位とした記録・測定を行い，それを報告書としてまとめることで財政状態や経営成績がわかるようになるから。

2　簿記が記録する取引は，簿記上の取引だけであり，価値の増減を伴なう。

3　複式簿記は，原因と結果という取引の二面性に着目して借方と貸方に記録される。

4　簿記一巡の流れは，定められた期間に生じる簿記上の取引を仕訳という形

で記録し，記録のために用いる感情と呼ばれるものを，資産・負債・純資産
（資本），費用・収益というグループで期間の終わりに貸借対照表や損益計
算書といった報告書にまとめていく。

☀ 事後学習解答

1　簿記の目的は，①日々の経営活動を記録・計算すること。②一定時点の財
　　政状態を明らかにすること。③一定期間の経営活動を明らかにすること。
2　複式簿記は，取引の二面性に着目して借方，貸方に原因と結果を記録して
　　いく。原因と結果は同じ大きさとなる。
3　簿記の前提条件として簿記の記録・計算・整理の対象となる会計単位を明
　　確にし，通常1年といった会計期間を決めて，測定単位という共通の尺度で
　　貨幣価値を伴なうものを対象として扱う。
4　簿記一巡の手続きは，①簿記上の取引を仕訳し，仕訳帳に記録する。②仕
　　訳帳に記録されたものを勘定別に総勘定元帳に転記する。③それまでの作業
　　内容が正しいかどうか試算表をつくってチェックする。期末の決算の時に必
　　要とされる整理事項（修正事項）を加えた後，報告書（貸借対照表や損益計算
　　書）にまとめあげる。

取引と勘定の意義

　企業の経済活動を行うと，資産・負債・資本・収益・費用という構成要素に増減が生じる。それを取引として記録していく。ここでは，その記録に必要な事項について学ぶ。

☀ 事前学習

　次の項目について考えてみよう。

1　簿記上の取引を認識し，記録・計算を行うために設けられた簿記上の区分を何というか。

2　勘定はどのような構成要素に整理できるか。

3　各構成要素には，どのような勘定科目があるか。1つずつあげなさい。

4　取引について勘定を用いて記録することを何というか。

簿記の役割

　企業は，経済活動を継続して行っている。利益を上げようとする。この活動の客観的把握には，貨幣額を単位として測定可能な部分に着目して記録し，その結果をまとめることが必要である。

　記録のルールを一般化し，貨幣額を単位として帳簿に記録・計算・整理して，企業の財産や損益を報告する処理方法が**簿記**である。

　簿記は，会計という考え方をもとに，企業の経済活動をまとめることができる世界共通のツールである。

取引と勘定

1　簿記上の取引

　簿記は，企業の**財政状態**や**経営成績**を把握することを目的としており，簿記は企業の経済活動において貨幣額で表すことのできる価値の増加・減少を伴う事柄について記録していく。これらの事柄は，簿記上の取引という。複式簿記がこれから学ぶ簿記の基本であるので，複式簿記における簿記上の取引の記録には，**原因と結果の二面性**（取引の二面性）に着目し，左右の大きさが等しくなる形で記録していく。

　裏を返せば，簿記上の取引として認識されないような取引，つまり，価値の増減を伴わない取引の場合には，一般的には取引とされているようなことでも簿記では記録を行わないことになる。

図2－1　取引の範囲

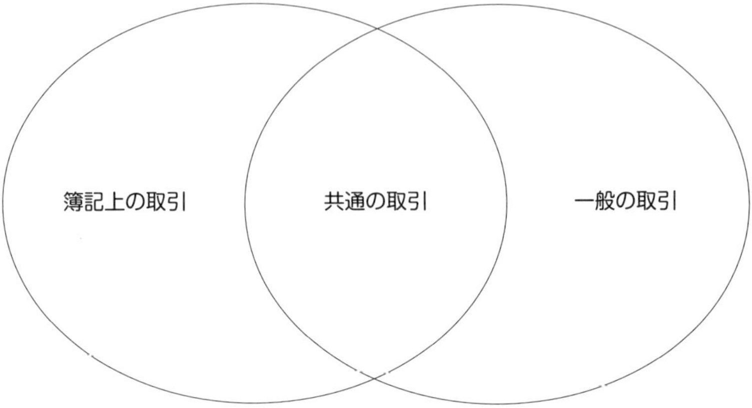

簿記上の取引　　　共通の取引　　　一般の取引

2　勘定の意義

　簿記上の取引を帳簿に記入する場合，資産・負債・資本の増減や費用・収益の発生に関し，具体的な項目を設けて記録する。この記録・計算の区分を**勘定**という。各勘定につけられた名称を**勘定科目**といい，それぞれの勘定科目ごとに増減額を記録するために帳簿に設けられた場所を勘定口座という。

　勘定口座の形式には，**標準式**と**残高式**とがある。

(標準式)　　　　　　　　　　　　　現　　　金

令和○年	摘　　要	仕丁	借　　方	令和○年	摘　　要	仕丁	貸　　方

(残高式)　　　　　　　　　　　　　現　　　金

令和○年	摘　　要	仕丁	借　　方	貸　　方	借または貸	残　　高

12

標準式は，中央で二分される形で勘定の左側を借方，右側を貸方の形になっている。

残高式は，記入のつど借方と貸方の差が残高欄に示される。実務では，この形式（Ｔ字勘定）が用いられる場合が多い。

（借方）	現　　金	（貸方）

Ⅲ　貸借対照表と損益計算書

簿記は，企業の**財政状態**や**経営成績**を明らかにする役割を持っている。このうち，一定時点の財政状況を示す報告書が**貸借対照表**であり，一定期間の経営成績を示す報告書が**損益計算書**である。

1　貸借対照表と損益計算書

貸借対照表を構成する要素には，**資産・負債・資本**（**純資産**）がある。損益計算書を構成する要素は，**収益・費用**である。

2　勘定の分類

貸借対照表と損益計算書のそれぞれに属する主な勘定科目には以下のようなものがある。

貸借対照表勘定	資産の勘定	現金・受取手形・売掛金・貸付金・建物・備品・土地など
	負債の勘定	支払手形・買掛金・借入金など
	資本の勘定	資本金・繰越利益剰余金など
損益計算書勘定	収益の勘定	売上・受取手数料・受取利息など
	費用の勘定	仕入・給料・通信費・支払利息など

〔例題2−1〕

以下の勘定科目が，資産・負債・資本・収益・費用のいずれに属するかを示しなさい。

　⑦　売　　　　上　　⑦　貸　付　金　　⑨　買　掛　金
　⑦　資　本　金　　⑦　支　払　利　息

 解　答

　⑦　収益，⑦　資産，⑨　負債，⑦　資本，⑦　費用

〔例題2−2〕

次の各文の（　　）に適語を入れなさい。

　貸借対照表の構成要素は，資産・（　①　）・資本（　②　）である。貸借対照表は，一定時点の（　③　）を表す報告書である。

　損益計算書の構成要素は，収益・（　④　）である。損益計算書は，一定期間の（　⑤　）を表す報告書である。

 解　答

　①　負債，②　純資産，③　財政状態，④　費用，⑤　経営成績

Ⅳ　勘 定 記 入

1　勘定記入の方法

　取引により生じた資産・負債・資本の増加・減少や費用・収益の発生を**勘定口座**に記入する場合，それぞれの項目で記入する向きが異なる。

　また，以下は仕訳にあたっての当該勘定の記入する側を示している。

(1)　貸借対照表項目

（借方）	資産の勘定	（貸方）
増　加		減　少

（借方）	負債の勘定	（貸方）
減　少		増　加

（借方）	資本の勘定		（貸方）
	減　少	増　加	

(2)　損益計算書項目

（借方）	収益の勘定		（貸方）
		発生	

（借方）	費用の勘定		（貸方）
	発生		

ポイント

　簿記上の取引である場合，仕訳という形で該当する勘定科目を用いて価値の増減を記録していく。その時には取引の中でその勘定の価値の変動について貸借の向きを勘定ごとに必ず確認して仕訳を行わなければならない。

　このルールを取引ごとにきちんと行っていくことが簿記の理解と上達のコツである。つまり基本を大切にしていかなければならない。

以下の事項について簡単に説明しなさい。

1　取引の二面性

2　簿記上の取引の範囲

3　勘定口座の形式

4　勘定記入の方法

☀ **事前学習解答**

1　勘定
2　資産・負債・純資産（資本），費用・収益
3　【例】資産（現金）・負債（借入金）・純資産（資本金），費用（仕入）・収益（売上）など
4　仕訳

☀ **事後学習解答**

1　複式簿記の記録は取引の二面性に着目している。取引には原因と結果があり，原因と結果の価値の増減の大きさは一致するという形で処理される。
2　簿記上の取引の範囲は，一般的に「取引」と考えられるものとは違いがある。一般に言う取引と共通する部分もあるが，一般では取引と呼ばれないものでも簿記では取引とされる部分がある。簿記上の取引は，常に価値の増減を伴う取引を記録する。
3　勘定口座の形式には，標準式と残高式とがあり，標準式は，中央で二分され，左側が借方欄，右側が貸方欄という形だが，残高式は記入の都度貸借の差が残高欄に示される。
4　勘定口座に記入を行う場合，それぞれの取引により生じた資産・負債・純

資産（資本）の増加・減少，費用・収益の発生を記録する場合，増減等により記録する向きが異なる。

第3章

資産・負債・資本 (純資産) と貸借対照表

☀ 事前学習

次の項目について調べてみよう。

1 資産とはどのようなものか，説明しなさい。

2 負債とはどのようなものか，説明しなさい。

3 純資産とはどのようなものか，説明しなさい。

4 財産法とはどのような計算方法なのか，説明しなさい。

5 貸借対照表とはどのようなものか，説明しなさい。

　ここでは簿記の要素と企業の純損益の計算について学習する。簿記の要素には資産・負債・資本 (純資産) および収益・費用があり，純損益の計算方法には財産法と損益法がある。また，企業の**財政状態** (資産・負債・資本の状態) を示す書類として貸借対照表があり，**経営成績** (収益と費用の関係) を示す書類として損益計算書がある。

　本章では特に，簿記の要素としては，**資産・負債・資本** (**純資産**) について，純損益の計算としては財産法について学習する，そしてそれに関連する計算書類としては貸借対照表について学習する。

I　資　　産

　企業は経営活動を行うために，現金・商品・備品・建物・土地などの財産を所有している。また，一定の期日に代金を受け取る権利である債権などを持っている。例えば，商品を売却した代金を後で受け取る場合などである。このような企業が所有している財産や**債権**のことを**資産**という。

　主な資産の項目には次のようなものがある。

形がなく目に見えないが，後日お金がもらえる
権利という財産と考えることができる。

項　目	内　　　　容	性質
現　金	紙幣・硬貨などの金銭	財産
売掛金	商品を売却した代金を後日受け取る権利	債権
商　品	販売を目的として所有する物品	財産
貸付金	他人に貸し付けた金銭を後日回収する権利	債権
備　品	営業のために所有する机・いす・陳列ケースなど	財産
建　物	営業のために所有する店舗や事務所	財産
土　地	店舗や事務所の敷地	財産

💁 ポイント

　企業にとって，持っていて価値があると考えられるものが資産である。現金や商品といった財産は理解しやすいが，売掛金や貸付金といった債権については，それに価値があるとは捉えにくいため，特に注意が必要である。

例題3－1

　福岡商店の令和〇年1月1日の資産は，次のとおりである。これらの資産の名称と金額および資産総額を示せ。
　①　所有する紙幣¥40,000と硬貨¥2,000
　②　商品を売却し，その代金¥28,000を後日受け取る権利（債権）

③ 販売を目的として所有するジャケット¥18,000
④ 営業のために所有する商品の陳列ケース¥20,000といす¥12,000

✎ **解　答**

① 名称（現　金）金額（¥42,000）　② 名称（売掛金）金額（¥28,000）
③ 名称（商　品）金額（¥18,000）　④ 名称（備　品）金額（¥32,000）
　資産総額（¥120,000）

Ⅱ 負　　債

　企業は経営活動を行うために，商品を仕入れて，その代金を後で支払うことがある。また，必要に応じて銀行などから現金を借りることがある。このような企業が経営活動を行う過程で生じた**債務**のことを，負債という。

　主な負債の項目には次のようなものがある。

項目	内　　容	性質
買掛金	商品を仕入れ，代金を後日支払う義務	債務
借入金	資金を借り入れ，借りた代金を約束した期日までに返済する義務	債務

👨‍🏫 **ポイント**

　負債は，将来における支払いの義務と考えられる。とりあえず借金と考えておく。例えば，買掛金は商品代金の借金と考えることができる。企業はこのようにして得た資金で，建物や土地を購入するのである。

例題3−2

　福岡商店の令和○年1月1日の負債は，次のとおりである。これらの負債の名称と金額および負債総額を示せ。
① 商品を仕入れ，その代金¥32,000を後日支払う義務（債務）
② 現金¥48,000を借り入れ，後日返済する義務（債務）

✏️ **解答**

①　名称（買掛金）金額（¥32,000）　②　名称（借入金）金額（¥48,000）
　負債総額（¥80,000）

資本（純資産）

　企業が所有する資産総額から負債の総額を差し引いて計算される金額を純資産という。この純資産のことを簿記では，**資本**（capital）という。これを等式で示すと次のようになり，**資本等式**と呼ばれる。

　　資産－負債＝資本（純資産）……資本等式

　また，資本（純資産）は企業主が企業に投資した元手（capital）とも考えられる。例えば，企業主が事業を始めるために，自らの預金を下ろして現金をその企業に投入した時点を考えて見る。その時点では自ら投入した現金しか企業に無い。負債がゼロなら，資本等式によって，その全額が資本（純資産）として計算される。さらに，上記括弧中の英文標記を確認すると，資本も元手も**capital**である。

例題 3－3

　例題 3－1 および **例題 3－2** の解答結果により，福岡商店の令和○年 1 月 1 日の資本（純資産）の額を計算しなさい。

✏️ **解答**

　資 産 総 額　　負 債 総 額　　資本（純資産）
　¥120,000　　－　　¥80,000　　＝　（¥40,000）※
　　※　次に学ぶ貸借対照表では，資本は「資本金」として表示する。

Ⅳ 貸借対照表

企業の一定時点の資産・負債・資本（純資産）の状態を財政状態といい，この財政状態を明らかにするための書類を**貸借対照表**（Balance Sheet；B／S）という。そして，それを等式で表すと次のように示される。この等式は，資本等式の負債を右辺に移行したものになっている。

資産＝負債＋資本（純資産）……貸借対照表等式

貸借対照表は，この貸借対照表等式で示されるように，表を左右に分割し，左側に資産の項目・金額を記入し，右側に負債と資本（純資産）の項目・金額を記入して作成する。図示すると次のようなイメージとなる。

貸借対照表（B／S）

資　　産	負　　債
	資　　本（純資産）

例題3-4

例題3-1～例題3-3により福岡商店の令和○年1月1日の貸借対照表を作成しなさい。

貸 借 対 照 表

福岡商店　　　　　　　　令和○年1月1日

資　　産	金　　額	負　　債	金　　額
現　　　　　金	42,000	買　　掛　　金	32,000
売　　掛　　金	28,000	借　　入　　金	48,000
商　　　　　品	18,000	資　　本　　金	40,000
備　　　　　品	32,000		
	120,000		120,000

簿記の基礎的条件として会計期間がある。ここで作成した貸借対照表は期首の時点で作成したものであるため期首貸借対照表という。これに対して期末である12月31日（会計期間1年と仮定）時点で作成したものを期末貸借対照表という。通常，貸借対照表といった場合は期末の貸借対照表を意味する。これについては次節で説明する。

純損益の計算

　企業が経営活動を営むことによって，期首の時点で存在した資産・負債・資本（純資産）の額は変動する。その結果，**期首資本**（期首純資産）と**期末資本**（期末純資産）に違いが生じる。ここで把握される差額のことを当期純損益（単に純損益ということもある）という。純損益は純利益と純損失の総称である。期末資本（期末純資産）が期首資本（期首純資産）より大きい場合は，純利益となり，逆の場合は純損失となる。この関係を等式で示すと次のようになる。

　　期末資本　－　期首資本　＝　当期純利益（マイナスであれば，当期純損失）
　（期末純資産）（期首純資産）

　このようにして企業の1会計期間の利益を期首と期末の資本（純資産）をもとに計算する方法を**財産法**という。

　なお，期末貸借対照表では**期末資本（期末純資産）は期首資本（期首純資産）と当期純利益（純損失）に分けて表示**する。

例題3−5
　福岡商店の令和〇年12月31日（期末）時点の資産・負債に関する資料と，
例題3−4によって，
　①　等式を用いて，当期純損益を計算しなさい。
　②　期末貸借対照表を作成しなさい。

📋 資　料

現　　金	¥48,000	売　掛　金	¥32,000	商　　　品	¥20,000
備　　品	¥32,000	買　掛　金	¥36,000	借　入　金	¥52,000

解 答

① 等式による当期純損益

¥44,000※ － ¥40,000 ＝ ¥4,000
(期末資本) 　　(期首資本) 　(当期純利益)

※ （48,000 ＋ 32,000 ＋ 20,000 ＋ 32,000）－（36,000 ＋ 52,000）＝ 44,000

② 期末貸借対照表

期首の資本金と純利益を区別して表示している。

貸借対照表

福岡商店		令和○年 12 月 31 日		
資　　産	金　額	負　　債	金　額	
現　　　　金	48,000	買　掛　金	36,000	
売　掛　金	32,000	借　入　金	52,000	
商　　　品	20,000	資　本　金	40,000	
備　　　品	32,000	当 期 純 利 益	4,000	
	132,000		132,000	

事 後 学 習

九州商店の期首（1月1日）と期末（12月31日）における資産と負債の内容は，次のとおりであった。よって，期末の貸借対照表を作成しなさい。

1月1日

現　　　金	¥800,000	売掛金	¥700,000	商　　　品	¥300,000
備　　　品	¥500,000	買掛金	¥560,000	借　入　金	¥740,000

12月31日

現　　　金	¥950,000	売 掛 金	¥800,000	商　　　品	¥400,000
備　　　品	¥550,000	買 掛 金	¥700,000	借 入 金	¥850,000

貸借対照表

（　　　）商店		令和○年　月　日		
資　　　産	金　　額	負　　　債	金　　額

☀ **事前学習解答**

1　企業が経営活動を行うために所有する財産や債権で，現金や売掛金など。

2　企業が経営活動を行う過程で生じた債務で，買掛金や借入金など。

3　資産総額から負債総額を差し引いた金額で，元手ともいう。

4　企業の1会計期間の利益を期首と期末の資本（純資産）をもとに計算する　方法。

5　企業の一定期間の資産・負債・資本（純資産）の状態を財政状態といい，　この財政状態を明らかにするための書類。

☀ **事後学習解答**

貸借対照表

九州商店		令和○年 12 月 31 日		
資　　　産	金　　額	負　　　債	金　　額
現　　　　　金	950,000	買　　掛　　金	700,000
売　　掛　　金	800,000	借　　入　　金	850,000
商　　　　　品	400,000	資　　本　　金	1,000,000
備　　　　　品	550,000	当 期 純 利 益	150,000
	2,700,000		2,700,000

収益・費用と損益計算書

事前学習

次の項目について調べてみよう。

1 収益とはどのようなものか，説明しなさい。

2 費用とはどのようなものか，説明しなさい。

3 損益法とはどのような計算方法なのか，説明しなさい。

4 損益計算書とはどのようなものか，説明しなさい。

5 財政状態と経営成績の違いについて，説明しなさい。

　ここでは，企業の資本（純資産）を増大させる項目と，減少させる項目とについて学習する。前者の項目を**収益**といい，後者の項目を**費用**という。

　また，ここでは損益計算書の作成について学習する。損益計算書とは収益の項目と費用の項目をそれぞれ表示して，両者の差額として当期純損益を算出・表示する表である。

Ⅰ　収　　益

　企業が例えば，仕入原価¥100,000の商品を¥120,000で売り渡すと，差額として¥20,000の儲け（商品売買益）が計算される。そして，この儲けた金額だけ資本（純資産）が増加することになる。このように企業活動によって，資本（純資産）が増加する原因となることがらを**収益**という。

　主な収益の項目には次のようなものがある。

項　　目	内　　　　　容
商品売買益	商品の売り渡し価格と仕入価格との差額
受取手数料	商品売買の仲介などをした場合に受け取った手数料
受 取 利 息	預金や貸付金などによって受け取った利息

ポイント

　項目の名称について，頭の文字が**受取**で始まるか，最後の文字が**益**で終わるかという特徴がある。

　この特徴は，すべての収益の項目に当てはまるわけではないが，現段階ではこの特徴を押さえておくと，資産・負債・資本（純資産）および費用の項目との区別が容易にできるため，覚えておくと良い。

Ⅱ　費　　用

　企業が例えば，従業員に給料を支払ったり，借入金の利息を支払ったりしたとする。すると，その額だけ資本（純資産）が減少することになる。このように企業活動によって，資本（純資産）が減少することがらを費用という。

　主な費用の項目には次のようなものがある。

項　目	内　　　　　容
給　　　料	従業員に支払う給料
広　告　料	新聞・テレビ・チラシなどの広告代金
支 払 家 賃	事務所・店舗など，建物を借りている場合に支払われる賃借料
通　信　費	郵便切手・はがきなどの郵便料金や，電話料金など
消 耗 品 費	伝票や帳簿・ボールペン・消しゴムなどの文房具の代金
水道光熱費	電気代・ガス代・水道代など
雑　　　費	新聞の購読料やお茶・茶菓子代など
支 払 利 息	借入金に対して支払う利息

🧑 ポイント

項目の名称について，多くが頭の文字が**支払で始まる**か，最後の文字が**費（料）で終わる**かという特徴がある。

この特徴は，すべての費用の項目に当てはまるわけではないが，現段階ではこの特徴を押さえておくと，資産・負債・資本（純資産）の項目と収益の項目との区別が容易にできるため，覚えておくと良い。

（例題 4－1）

次の各項目は収益・費用のいずれに属するか，答えなさい。

(1) 給　　　料　　　(2) 受 取 利 息　　　(3) 支 払 家 賃
(4) 水道光熱費　　　(5) 広　告　料　　　(6) 消 耗 品 費
(7) 商品売買益　　　(8) 通　信　費　　　(9) 支 払 利 息
(10) 受 取 利 息

✏️ 解　答

収　益（ 2，7，10 ）
費　用（ 1，3，4，5，6，8，9 ）

純損益の計算

　純損益（純利益・純損失）の計算については，第3章で**財産法**による計算を学習した。そこでは期末資本（期末純資産）から期首資本（期首純資産）を差し引いて求められた。しかし，この方法には欠点がある。それは，どのような原因で，純損益が発生したのかが分からないという欠点である。

　この欠点を補完した別の計算方法がある。それは，収益と費用の差額として純損益を計算する方法である。収益は資本（純資産）の増加原因を意味して，費用は資本（純資産）の減少原因を意味するため，この両者の差額から純損益を計算することで欠点を補完することができる。等式で示すと次の通りである。

　　収益－費用＝当期純利益（マイナスは当期純損失）

　このように収益と費用を比べて当期純損益を計算する方法を**損益法**という。損益法で求めた当期純損益と財産法で求めた当期純損益は一致する。

──────────

[例題4－2]
　次の各文の（　　　）の中にあてはまるもっとも適当な語を答えなさい。
　収益総額から費用総額を差し引いて当期純損益を計算する方法を（a　　　　）という。この差額（当期純損益）は，期末資本（期末純資産）から期首資本（期首純資産）を差し引いて計算（財産法）される当期純損益と（b　　　　）する。

✏ **解　答**
（a　損益法　）（b　一致　）

 損益計算書

　企業は，一会計期間における経営成績を明らかにするために，収益と費用の内容と純利益の額を明らかにした報告書を作成する。この報告書を**損益計算書**

（Profit and Loss statement；P／L または Income Statement；I／S）という。

（例題4－3）
次の各文の（　　　　）の中にあてはまるもっとも適当な語を答えなさい。
　企業の一会計期間における収益と費用の内容，つまり（a　　　　　）を明らかにするために作成する報告書を（b　　　　）という。

✏　解　答
（a　　経営成績　）（b　　損益計算書　）

（例題4－4）
　福岡商店の令和○年1月1日から令和○年12月31日の次の資料によって，損益計算書を作成しなさい。

📄　資　料
商品売買益　￥76,000　　受取手数料　￥4,000　　給　　　料　￥64,000
広　告　料　￥ 4,400　　消耗品費　￥4,000　　支払利息　￥ 3,600

✏　解　答

損益計算書

福岡商店　　　令和○年1月1日から令和○年12月31日まで

費　　　用	金　　額	収　　益	金　　額
給　　　　料	64,000	商品売買益	76,000
広　告　料	4,400	受取手数料	4,000
消　耗　品　費	4,000		
支　払　利　息	3,600		
当　期　純　利　益	4,000		
	80,000		80,000

事後学習

1　次の表の空欄にあてはまる金額を計算しなさい。なお，純損失の場合は
「－」（マイナス）で示すこと。

| 期首資本 | 期　　　　末 | | | | 収　　益 | 費　　用 | 当期 純利益 |
	資　　産	負　　債	資　　　　本			
150,000	a	140,000	b		210,000	160,000	c
620,000	945,000	d	753,000		e	452,000	f
310,000	500,000	g	h		630,000	660,000	i

2　九州商店の令和○年１月１日から同年12月31日までの会計期間の収益と
費用は次の通りであった。よって，損益計算書を作成しなさい。

商品売買益　¥80,000　　受取利息　¥40,000　　給　　料　¥52,000
広　告　料　¥30,000　　消耗品費　¥10,000　　支払利息　¥22,000

損益計算書

（　　　）商店　令和○年　月　日から令和○年　月　日まで

費　　用	金　　額	収　　益	金　　額

事前学習解答

1　企業活動によって，資本（純資産）が増加する原因となることがらをいう。
例えば，仕入原価¥100,000の商品を¥120,000で売り渡した場合の差額と
して計算される¥20,000の儲け（商品売買益）などをいう。
2　企業活動によって，資本（純資産）が減少する原因となることがらをいう。

例えば，従業員に給料を支払ったり，借入金の利息を支払ったりした場合の純資産の減少額などをいう。

3　収益と費用を比べて当期純損益を計算する方法をいう。

4　一会計期間における経営成績を明らかにするために，収益と費用の内容と，純利益の額を明らかにした報告書をいう。

5　財政状態は貸借対照表で明らかにされるもので，経営成績は損益計算書で明らかにされるものである。

事後学習解答

| 期首資本 | 期　　　末 | | | 収　　益 | 費　　用 | 当期純利益 |
	資　　産	負　　債	資　　本			
150,000	a　340,000	140,000	b　200,000	210,000	160,000	c　50,000
620,000	945,000	d　192,000	753,000	e　585,000	452,000	f　133,000
310,000	500,000	g　220,000	h　280,000	630,000	660,000	i　−30,000

損益計算書

九州商店　　　令和○年1月1日から令和○年12月31日まで

費　　　用	金　　額	収　　益	金　　額
給　　　　料	52,000	商 品 売 買 益	80,000
広　　告　　料	30,000	受 取 利 息	40,000
消 耗 品 費	10,000		
支 払 利 息	22,000		
当 期 純 利 益	6,000		
	120,000		120,000

第5章

仕訳と転記

✿ 事前学習

（問）　以下の勘定科目を，貸借対照表と損益計算書のそれぞれ該当する区分に，分類しなさい。なお，勘定科目を直接記入すること。

> ・現金　・借入金　・受取手形　・給料　・資本金　・受取手数料
> ・商品　・広告宣伝費　・商品売買益　・当座預金　・買掛金
> ・通信費　・売掛金　・支払家賃　・支払手形

貸借対照表

資　産	負　債
[　　　　　]	[　　　　　]
[　　　　　]	[　　　　　]
[　　　　　]	[　　　　　]
[　　　　]	純　資　産
[　　　　]	[　　　　　]

損益計算書

費　用	収　益
[　　　　　]	[　　　　　]
[　　　　　]	[　　　　　]
[　　　　　]	
[　　　　]	

I 仕 訳

　簿記は，取引を原因と結果という 2 つの側面に分解するところから始まる。これを**仕訳**という。例えば，ある取引の結果として現金という資産が増えた場合は，その原因として銀行からの借り入れによって現金が増加したり，また，商品の売上げによって現金が増加したりすることもある。このように，2 つのことが対になって成り立っていることを**取引の二面性**という。

　すべての取引は，図 5 － 1 のように簿記の 5 要素である資産・負債・純資産の増加，減少や収益・費用の発生による組み合わせとなる。

図 5 － 1　取引の 8 要素

（借方の要素）　　　　　　　　（貸方の要素）

資 産 の 増 加　　　　　　　　資 産 の 減 少

負 債 の 減 少　　　　　　　　負 債 の 増 加

純資産の減少　　　　　　　　純資産の増加

費 用 の 発 生　　　　　　　　収 益 の 発 生

　では，仕訳の方法を以下で説明する。仕訳は取引を 2 つに分解し，それぞれの勘定科目と金額を決定し，1 つを**借方**（左側）に，もう 1 つを**貸方**（右側）に記入する。ここではまず，現金という勘定科目に着目して記入の方法を確認する。

　現金取引を仕訳する場合は，現金は資産に属するので，増加すれば借方に，減少すれば貸方に記入するというルールを認識することから始める。または，現金（資産）は貸借対照表の借方がホームポジションになるので，増加すればホームポジション（借方）に記入し，減少したら反対側（貸方）に記入するという考え方でもよい。なお，仕訳における借方と貸方の金額は，必ず一致することも念頭に入れておく。

＜仕訳の方法＞

1　取引を 2 つの側面に分解する。

2　借方・貸方の勘定科目を決定する。

3　借方・貸方の金額を決定する。

（例題 5－1）

　銀行から現金 ¥300,000 を借り入れた。

(1)　取引をイメージして，2 つに分解してみる。

　　現金という 資産 が増えた一方で，借入金という 負債 が増えた。

(2)　わかりやすい方（現金とする）から考える。

　　①　勘定科目の決定……現金

　　②　借方・貸方の決定……現金（資産）の増加は借方に記入

　　③　金額の決定……¥300,000

(3)　もう一方を考える。

　　①　勘定科目の決定……借入金

　　②　借方・貸方の決定……借入金（負債）の増加は貸方に記入

　　③　金額の決定……¥300,000

↓

　　　（借）現　　　金　　　300,000　　　（貸）借　入　金　　　300,000

　以上で仕訳が完成する。ここではまず，現金を借方または貸方に記入する判断ができれば，あとは取引内容からもう一方を考えて記入すれば仕訳ができる。現金以外の勘定科目についても同じ要領で仕訳を作成していくが，最初はまず現金取引の仕訳パターンを理解することから始めると良い。

　さらに，現金取引の仕訳例を以下で示す。

5／1　現金 ¥300,000 を元入れ（出資）して，営業を開始した。

　→　現金という 資産 が増えた一方で，資本金という 純資産 が増えた。

　　　（借）現　　　金　　　300,000　　　（貸）資　本　金　　　300,000

5／5　備品を現金¥10,000で購入した。

→　備品という 資産 が増えた一方で，現金という 資産 が減った。

（借）備　　　品　　　10,000　　　（貸）現　　　金　　　10,000

5／8　銀行から現金¥100,000を借り入れた。

→　現金という 資産 が増えた一方で，借入金という 負債 が増えた。

（借）現　　　金　　　100,000　　　（貸）借　入　金　　　100,000

5／12　手数料として現金¥3,000を受け取った。

→　現金という 資産 が増えた一方で，受取手数料という 収益 が発生した。

（借）現　　　金　　　3,000　　　（貸）受取手数料　　　3,000

5／15　従業員に給料¥250,000を現金で支払った。

→　給料という 費用 が発生した一方で，現金という 資産 が減った。

（借）給　　　料　　　250,000　　　（貸）現　　　金　　　250,000

　また，取引によっては1対多や，多対多の仕訳になることもある。例えば以下のような複合的な取引が想定される。

（例）　銀行に対する借入金¥100,000を利息¥10,000と合わせて現金で返済した。

　→　返済によって借入金という 負債 が減ると同時に借り入れに伴う支払利息という 費用 が発生し，その一方で現金で支払われたことにより，現金という 資産 が減った。

（借）借　入　金　　　100,000　　　（貸）現　　　金　　　110,000
　　　支 払 利 息　　　10,000

 Ⅱ　転　　記

　仕訳では，各取引の勘定科目の増減が取引ごとに記録されているが，同じ勘定科目の記録を1か所に集計することで，各勘定科目の増減と残高を個別に確認することができる。この勘定科目ごとに記録・集計した場所を**勘定口座**（略

して**勘定**）という。また仕訳の内容を各勘定口座に書き移す作業を**転記**という。
勘定は，総勘定元帳という帳簿に記録されるが，ここでは**Ｔ字勘定**（Ｔフォーム）という簡略化した形式で，転記の方法を確認する。

＜転記の方法＞

1　　仕訳の借方側の金額を借方の勘定科目と同じ名称の勘定口座の借方に記入する。

2　　仕訳の貸方側の金額を貸方の勘定科目と同じ名称の勘定口座の貸方に記入する。

3　　１と２を合わせて，取引日の日付と相手勘定の勘定科目を記入する。

（相手勘定が複数の場合は「諸口」とする）

図５－２　勘定口座の記入ルール

（借方）　　資産　　（貸方）	（借方）　　負債　　（貸方）	（借方）　純資産　（貸方）
増加 ｜ 減少	減少 ｜ 増加	減少 ｜ 増加

（借方）　　費用　　（貸方）	（借方）　　収益　　（貸方）
発生 ｜ 消滅	消滅 ｜ 発生

例題５－２

　8／1　　銀行から現金¥300,000 を借り入れた。

8／1（借）現　　　金　　　300,000　　　（貸）借　入　金　　　300,000

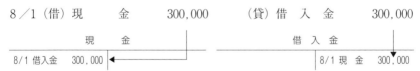

　取引を仕訳して，勘定記入するまでの流れは以下のとおりである。

＜取引＞

4／1　　宮崎商会は本日，現金¥1,000,000 を元入れして営業を開始した。

4／15　取引銀行より，現金¥100,000 を借り入れた。

4／25　本日，従業員に給料¥250,000を現金で支払った。

＜仕訳＞

4／1（借）現　　　金	1,000,000	（貸）資　本　金	1,000,000
4／15（借）現　　　金	100,000	（貸）借　入　金	100,000
4／25（借）給　　　料	250,000	（貸）現　　　金	250,000

＜勘定記入＞

現　　金			
4/ 1 資本金	1,000,000	4/25 給　料	250,000
15 借入金	100,000		

借　入　金			
		4/15 現　金	100,000

資　本　金			
		4/ 1 現　金	1,000,000

給　　料			
4/25 現　金	250,000		

　以上のように，例えば現金勘定であれば，借方は合計で¥1,100,000増加しており，貸方では合計¥250,000減少していることがわかる。さらに，勘定口座では，借方合計と貸方合計を差し引きすれば，借方に¥850,000の残高があることも確認できる。

　※　　¥1,000,000＋¥100,000＝¥1,100,000（借方合計）
　　　　¥250,000（貸方合計）
　　　　¥1,100,000－¥250,000＝¥850,000（借方残高）

＜ポイント＞

　仕訳は，取引を二面的にとらえ借方と貸方に分けて記録する作業である。取引によって資産・負債・純資産が増加，減少したり，収益・費用が発生，消滅

38

した場合に仕訳を行っていく。

　仕訳をした後，仕訳の記録を各勘定口座に書き移す作業が転記である。これにより，それぞれの勘定科目の増減と残高を一目で把握することができる。

　仕訳と転記ともに，処理方法を理解した後は多くの練習問題を解答し，反復しながら慣れていくことが肝要である。

☀ 事 後 学 習

（問）　次の取引を仕訳すると共に勘定口座に転記しなさい。なお，勘定口座への記入は，日付，相手勘定科目，金額を記入すること。

4／1　現金￥1,000,000 を元入れして，営業を開始した。

4／5　延岡商会より商品￥150,000 を仕入れ，代金は現金で支払った。

4／10　小林商会に上記（4／5）の商品を￥180,000 で販売し代金は現金で受取った。

4／13　日南銀行より現金￥200,000 を借入れた。

4／25　従業員に給料￥130,000 を現金で支払った。

4／29　借入金￥100,000 と支払利息￥8,000 を現金で返済した。

	借 方 科 目	金　　　額	貸 方 科 目	金　　　額
4／1				
5				
10				
13				
25				
29				

現　　金		借　入　金	

商　　品		資　本　金	

給　　料		商品売買益	

支払利息	

🌟 事前学習解答

貸借対照表

資　　産	負　　債
［現　　　金］	［借　入　金］
［受取手形］	［買　掛　金］
［商　　　品］	［支払手形］
［当座預金］	純　資　産
［売　掛　金］	［資　本　金］

損益計算書

費　　用	収　　益
［給　　　料］	［受取手数料］
［広告宣伝費］	［商品売買益］
［通　信　費］	
［支払家賃］	

🌟 事後学習解答

	借方科目	金　　額	貸方科目	金　　額
4/1	現　　金	1,000,000	資　本　金	1,000,000
5	商　　品	150,000	現　　金	150,000
10	現　　金	180,000	商　　品 商品売買益	150,000 30,000
13	現　　金	200,000	借　入　金	200,000
25	給　　料	130,000	現　　金	130,000
29	借　入　金 支払利息	100,000 8,000	現　　金	108,000

現　　金

4/ 1	資本金	1,000,000	4/ 5	商　品	150,000
10	諸　口	180,000	25	給　料	130,000
13	借入金	200,000	29	諸　口	108,000

借　入　金

4/29	現　金	100,000	4/13	現　金	200,000

商　　品

4/ 5	現　金	150,000	4/10	現　金	150,000

資　本　金

			4/ 1	現　金	1,000,000

給　　料

4/25	現　金	130,000	

商品売買益

			4/10	現　金	30,000

支 払 利 息

4/29	現　金	8,000	

第 6 章

仕訳帳と総勘定元帳

☀ 事 前 学 習

（問）　次の取引を仕訳すると共に勘定口座に転記しなさい。なお，勘定口座へ
の記入は，日付，相手勘定科目，金額を記入すること。

7／1　現金￥600,000 を元入れして，営業を開始した。

7／4　椎葉銀行から現金￥120,000 を借り入れた。

7／10　高千穂商会より商品￥25,000 を仕入れ，代金は現金で支払った。

7／13　串間商会に上記（7／10）の商品を￥30,000 で販売し代金は現金で受
取った。

7／25　広告宣伝費￥10,000 を現金で支払った。

7／28　高鍋商会に現金￥20,000 を貸し付けた。

	借 方 科 目	金　　額	貸 方 科 目	金　　額
7/1				
4				
10				
13				
25				
28				

現　　金		借　入　金	

貸　付　金		資　本　金	

商　　品		商品売買益	

広告宣伝費	

I 仕　訳　帳

　簿記は取引の内容を各種の帳簿に記録するものであるが，第5章で説明した仕訳については，**仕訳帳**という帳簿に記録していく。仕訳帳は，すべての取引を発生順に仕訳して記録する帳簿である。取引を借方と貸方に分解するという仕訳の手続きは，仕訳帳で行っていく。仕訳帳は営業活動を時系列に把握することができるが，取引を最初に記録する帳簿であることから，ここでの処理はあとの手続きに連動していくことに注意する必要がある。

令和〇年		摘　　　　要	元丁	借　　方	貸　　方
4	1	（現　　　金）	1	100,000	
		（資　本　金）	5		100,000
		本日,元入れして営業開始			
	7	（商　　　品）	3	8,000	
		（現　　　金）	1		8,000
		日向商会より商品仕入			
	16	諸　　口　　　　　（現　　　金）	1		35,000
		（広告宣伝費）	7	10,000	
		（支 払 家 賃）	8	25,000	
		諸経費の支払			
	23	（現　　　金）　　　　　諸　　口	1	11,000	
		（商　　　品）	3		8,000
		（商品売買益）	10		3,000
		都城商会に商品を販売			

＜仕訳帳の作成方法＞

(1)　日　付　欄

　取引の発生した日付を記入する。各取引が同じ月の場合は月を省略し，同一の日付で複数の仕訳がある場合は，２つ目以降の仕訳の日の記入は繰り返し記号（〃）を使う。

(2)　摘　要　欄

　まずは左半分に借方の勘定科目を記入し，次に一行下げた行の右半分に貸方の勘定科目を，それぞれ（　　）をつけて記入する。また，仕訳帳では１つの行に１つの勘定科目しか記入をしない。

　相手勘定科目が２つ以上になる場合は「諸口」と１行目に記入するが，諸口

は勘定科目ではないので（　　）をつけない。ただし上記の仕訳帳（4／16取引）のように，借方の勘定科目が複数で貸方の勘定科目が1つの場合は貸方の勘定科目を1行目に記入する。

　続いて勘定科目の下の行に取引内容の小書き（要旨）を記入し，最後に次の取引の仕訳と区別するための仕切線という境界線を引く。

(3)　元 丁 欄

　仕訳帳から総勘定元帳（すべての勘定口座を集めた帳簿）の各勘定口座に転記をする際に，総勘定元帳の丁数（ページ番号）を記入する。

(4)　借方・貸方欄

　借方の勘定科目の金額を借方欄に，貸方の勘定科目の金額を貸方欄に，それぞれの勘定科目と同じ行に記入する。

 ## Ⅱ　総勘定元帳

　企業のすべての勘定口座を集めた帳簿を**総勘定元帳**といい，勘定口座の形式には**標準式**と**残高式**の2つがある。仕訳帳における取引の記録は，すべて総勘定元帳の各勘定口座へ転記される。貸借対照表や損益計算書は，総勘定元帳にある各勘定科目の記録を基礎として作成される。

　仕訳帳と総勘定元帳は，すべての取引を記録していることから**主要簿**とよばれ，簿記を行う上で必ず設けなければならない帳簿である。これに対して必要に応じて特定の取引だけを記録する帳簿を**補助簿**という。

　第5章では，仕訳とT字勘定を使って転記の方法を確認したが，仕訳帳から総勘定元帳への転記も同じ要領で処理をしていく。**T字勘定**は標準式の総勘定元帳を簡略化したものであり，また総勘定元帳は一般的に標準式が用いられる。

・ 標 準 式

					現		金				1

令和○年		摘　　　要	仕丁	借　　方	令和○年		摘　　　要	仕丁	貸　　方
4	1	資 本 金	1	100,000	4	7	商　　品	1	8,000
	23	諸　口	〃	11,000		16	諸　口	〃	35,000

・ 残 高 式

					現	金		1

令和○年		摘　　　要	仕丁	借　　方	貸　　方	借／貸	残　　高
4	1	資 本 金	1	100,000		借	100,000
	7	商　　品	〃		8,000	〃	92,000
	16	諸　口	〃		35,000	〃	57,000

＜総勘定元帳の記入方法（標準式）＞

(1) 日 付 欄

　仕訳帳と同じ日付を記入する。

(2) 摘 要 欄

　仕訳の相手勘定科目を記入する。なお相手勘定科目が複数の場合は「諸口」
と記入する。

(3) 仕 丁 欄

　仕訳が記入されている仕訳帳のページ番号を記入する。

(4) 借方欄・貸方欄

　仕訳帳の借方金額を借方欄に，貸方金額を貸方欄に記入する。

＜総勘定元帳の記入方法（残高式）＞

(1)～(4)は標準式と同様である。

(5)　借または貸欄

　残高欄の金額が借方残高の場合は「**借**」，貸方残高の場合は「**貸**」と記入する。

(6)　残　高　欄

　その時点での残高の金額を記入する。

（例題6－1）

　仕訳帳から総勘定元帳への転記

仕　訳　帳　　　　　　　　　1

令和○年		摘　　　　要	元丁	借　　方	貸　　方
4	1	（現　　　金）	1	100,000	
		（資　本　金）	5		100,000
		本日,元入れして営業開始			
	7	（商　　　品）	3	8,000	
		（現　　　金）	1		8,000
		日向商会より商品仕入			

↓

＜総勘定元帳＞
現　　　金　　　　　　　　　1

令和○年		摘　　要	仕丁	借　　方	令和○年		摘　　要	仕丁	貸　　方
4	1	資　本　金	1	100,000	4	7	商　　品	1	8,000

商　　　品　　　　　　　　　3

令和○年		摘　　要	仕丁	借　　方	令和○年		摘　　要	仕丁	貸　　方
4	7	現　　金	1	8,000					

資　本　金								5
令和 ○年	摘　　要	仕丁	借　　方	令和 ○年	摘　要	仕丁	貸　　方
				4 1	現　金	1	100,000

👨‍🏫 ポイント

　第5章にて学習した仕訳については，正式には仕訳帳という帳簿に記録される。仕訳帳は，すべての取引を発生順に仕訳して記録する帳簿である。さらに仕訳した結果を転記する勘定口座についても，正式には総勘定元帳という帳簿に設けられた各勘定口座に記録される。

　仕訳帳と総勘定元帳は**主要簿**とよばれ，複式簿記で記帳していく上で必ず設けなければならない帳簿である。これに対し，必要に応じて設けられる帳簿が**補助簿**である。

☀ 事後学習

（問）　次の取引を仕訳帳に記入し，総勘定元帳へ転記しなさい（小書きは不要）。

　6月1日　現金￥200,000 を元入れして営業を開始した。

　10日　備品￥30,000 を購入し，代金は現金で支払った。

仕　訳　帳					1
令和 ○年	摘　　　　要	元丁	借　　方	貸　　方

<総勘定元帳>

現　　　　金　　　　　　　　1

令和○年	摘　　　要	仕丁	借　　方	令和○年	摘　　　要	仕丁	貸　　方

備　　　　品　　　　　　　　2

令和○年	摘　　　要	仕丁	借　　方	令和○年	摘　　　要	仕丁	貸　　方

資　　本　　金　　　　　　　5

令和○年	摘　　　要	仕丁	借　　方	令和○年	摘　　　要	仕丁	貸　　方

☀ 事前学習解答

	借 方 科 目	金　　額	貸 方 科 目	金　　額
7/1	現　　　金	600,000	資　本　金	600,000
4	現　　　金	120,000	借　入　金	120,000
10	商　　　品	25,000	現　　　金	25,000
13	現　　　金	30,000	商　　　品 商品販売益	25,000 5,000
25	広告宣伝費	10,000	現　　　金	10,000
28	貸　付　金	20,000	現　　　金	20,000

				現		金				
7/1	資本金	600,000	7/10	商品	25,000
4	借入金	120,000	25	広告宣伝費	10,000
13	諸　口	300,000	28	貸付金	20,000

			借	入	金	
			7/4	現　金	120,000

	貸　付　金			資　本　金	
7/28 現　金	20,000			7/1 現　金	600,000

	商　　品			商品売買益	
7/10 現　金	25,000	7/13 現　金　25,000		7/13 現　金	5,000

	広告宣伝費	
7/25 現　金	10,000	

☀ **事後学習解答**

仕　訳　帳　　　　　　1

令和 ○年		摘　　　　要	元丁	借　　方	貸　　方
6	1	（現　　　金）	1	200,000	
		（資　本　金）	5		200,000
	10	（備　　　品）	2	30,000	
		（現　　　金）	1		30,000

＜総勘定元帳＞
現　　　金　　　　　　1

令和 ○年		摘　　要	仕丁	借　　方	令和 ○年		摘　　要	仕丁	貸　　方
6	1	資　本　金	1	200,000	6	10	備　　品	1	30,000

備　　　品　　　　　　2

令和 ○年		摘　　要	仕丁	借　　方	令和 ○年		摘　　要	仕丁	貸　　方
6	10	現　　金	1	30,000					

資　本　金　　　　　　5

令和 ○年		摘　　要	仕丁	借　　方	令和 ○年		摘　　要	仕丁	貸　　方
					6	1	現　　金	1	200,000

7

現金・預金

☀ 事前学習

1 簿記上，現金として処理されるものには何があるか。

2 現金の実際有高と帳簿残高とが一致しない場合はどのように処理するのか。

3 自己振り出しの小切手，他人振り出しの小切手はどのように処理するのか。

4 その他の預金には，どのようなものがあるか。

5 小口現金として処理されるものには何があるか。

Ⅰ　現　　金

　本章では，日常業務での**現金・現金過不足・当座預金・小口現金**の各口座への記帳方法や，**現金出納帳・当座預金出納帳・小口現金出納帳**などの補助簿の記入方法について学習する。

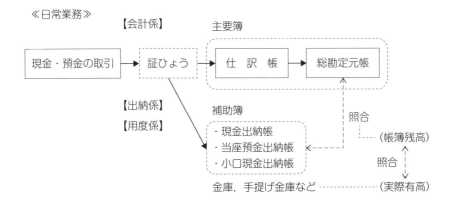

≪日常業務≫

【会計係】　　　　主要簿

現金・預金の取引 → 証ひょう → 仕　訳　帳 → 総勘定元帳

【出納係】　　　　補助簿
【用度係】
　　　　　　　　・現金出納帳
　　　　　　　　・当座預金出納帳
　　　　　　　　・小口現金出納帳

照合

（帳簿残高）

照合

金庫，手提げ金庫など ………… （実際有高）

1　現　金　勘　定

　現金とは，手許現金または手持現金を指すのであり，具体的には紙幣・硬貨などの通貨である。企業が紙幣や硬貨などの現金を受取ったとき（収入）は，**現金勘定**（**資産の勘定**）の借方に記入し，現金を支払ったとき（支出）には，貸方に記入する。現金勘定の残高は，借方に生じ，現金の帳簿残高を示す。

　上の図のように，収入と支出を比較し，支出の側に残高を加えることによって，左右両辺の合計が等しくなるという観点に基づいて残高を計算する。

　簿記上，現金勘定に記入するものは，紙幣や硬貨などの**通貨**だけではなく，商取引上，通貨と同様に通用し，またいつでも迅速に通貨に引き換えることのできる**通貨代用証券**を含む。通貨代用証券は次のようなものがある。

　　・他人振出小切手　　・郵便為替証書　　・送金小切手　　・配当金領収書
　　・支払期日の到来した公社債の利札など

<u>例題 7-1</u>

　5月2日　B商店から商品￥300,000を仕入れ，代金は現金で支払った。

　　（借）仕　　　入　　　300,000　　　（貸）現　　　金　　　300,000

　5月5日　C商店へ商品を販売し，代金￥100,000は同商店振出の小切手で受け取った。

　　（借）現　　　金　　　100,000　　　（貸）売　　　上　　　100,000

2　現金出納帳

　現金出納帳は，現金の収入・支出のつど，取引を立証する証ひょうにもとづいて現金取引の発生順に現金の収入・支出の明細を記入する。さらに，仕訳帳を経由して転記された元帳の現金勘定との照合を通じて勘定の記録は正しいと確認される。すなわち，現金出納帳の残高と現金勘定の残高はつねに一致する。

現金出納帳

令和×年	摘　　要	収　入	支　出	残　高
5　1	前期繰越	900,000		900,000
2	仕入代金（B商店へ）		300,000	600,000
5	売上代金（C商店から）	100,000		700,000

残高一致

現　　金

5/1	前期繰越	900,000	5/2	仕　　入	300,000
5/5	売　　上	100,000			

残高

700,000

3　現金過不足

　勘定によって算定された残高は，帳簿上の残高であって，現に実在する残高とは必ずしも一致するとは限らない。帳簿残高は，「あるべきはずの残高」である。「あるべきはずの残高」が，「現に実在する残高」と一致したとき，勘定の記録は正しいということが証明されることになる。

　「あるべきはずの残高」が，金庫の中に実在しているかどうかを調べる（実査）。現金の帳簿残高と実際有高との照合（突合せ）し，実際有高が帳簿残高より少ない場合は現金不足，多い場合は現金過剰，合わせて**現金過不足**という。現金過不足の理由として，盗難や不正，帳簿記入の間違い，現金の数え間違い，紛失などが考えられる。原因がわかるまで，現金出納帳の帳簿残高については，実際有高に修正しておく。後日，原因がわかったら当該摘要欄に付記する。

元帳では，原因がわかるまで一時的に**現金過不足勘定**を設けて記入しておき，原因がわかったら，該当する勘定へ振り替える。

(例題7−2)

　6月5日　金庫を実査したところ，現金の実際有高は¥70,000に対して帳簿残高は¥75,000であった。

　　　　（借）現金過不足　　　　5,000　　　　（貸）現　　　金　　　5,000

　6月7日　調査すると，現金不足額のうち¥4,000は通信費の記帳漏れであった。

　　　　（借）通　信　費　　　4,000　　　　（貸）現金過不足　　　4,000

　6月30日　決算にあたり，残りの現金不足額¥1,000について，原因がわからないので相談すべき責任者に決済を得て，雑損勘定に振り替えた。

　　　　（借）雑　　　損　　　1,000　　　　（貸）現金過不足　　　1,000

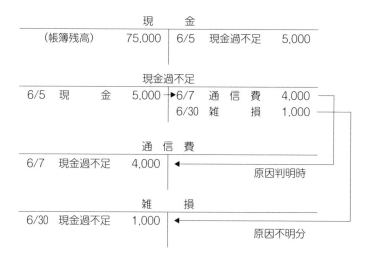

Ⅱ 当座預金

1 当座預金勘定

多額の現金取引を行うのは手間もかかり，間違いを起こしやすい。また，多額の現金を持ち運んだり，手元に保管したりすることは危険でもある。そこで，銀行に支払業務を代行してもらうための銀行預金口座を開設する。これを**当座預金**という。特徴としては，利息がつかないことと，預金を引き出すときは小切手を用いることである。また，銀行に口座取引記録が残ることから不正や誤りを防止でき，安全かつ便利に利用できる。

当座預金口座に現金や他人振り出しの小切手などを預け入れた場合，**当座預金勘定**（**資産の勘定**）の借方に記入する。小切手を振り出して支払いをした場合は，貸方に記入する。

例題7−3

7月1日　銀行で当座預金口座を開設し，現金¥300,000を預け入れた。

（借）当 座 預 金　　300,000　　　（貸）現　　　金　　300,000

7月3日　B商店に対する買掛金¥130,000を小切手♯1を振り出して支払った。

（借）買　掛　金　　130,000　　　（貸）当 座 預 金　　130,000

7月5日　A商店はC商店に対する売掛金のうち¥150,000をC商店振り出しの小切手で受け取り，ただちに当座預金口座に預け入れた。

（借）当 座 預 金　　150,000　　　（貸）売　掛　金　　150,000

7月9日　A商店はD商店に対する売掛金のうち¥110,000をA商店が振り出した小切手で受け取った。

（借）当 座 預 金　　110,000　　　（貸）売　掛　金　　110,000

2　当座預金出納帳

　出納係は当座預金への預け入れと引き出しの明細を取引発生順に記録するために**当座預金出納帳**という補助簿を用いる。銀行は原則として当座預金残高の範囲内でしか支払いに応じてくれないので，当座預金口座を開設している銀行ごとに現金出納帳を準備し，預金額を超えて小切手を振り出さないように記録・管理する。

当座預金出納帳

令和○年		摘　　要	小切手番号	預　入	引　出	借または貸	残　高
7	1	現金を預け入れ		300,000		借	300,000
	3	買掛金支払（B商店へ）	1		130,000	〃	170,000
	5	売掛金回収（C商店から）		150,000		〃	320,000
	9	売上代金受け取り（D商店から）		110,000		〃	430,000

3　その他の預金

　企業は，当座預金のほかにも**普通預金**，**定期預金**など複数の預金口座を開設している。原則として各預金の種類ごとに勘定を設けて記入する。当座預金と同じ方法で預け入れた場合は借方に，引き出した場合は貸方に記入する。必要に応じて各預金の種類ごとに出納帳に明細を記録する。

例題7-4

　8月1日　A銀行とB銀行に当座預金口座を開設し，それぞれ当座預金に現金¥300,000を預け入れた。ただし，口座ごとに勘定を設定することとした。

　　（借）当座預金A銀行　　300,000　　　（貸）現　　　金　　600,000
　　　　　当座預金B銀行　　300,000

　8月2日　普通預金口座から¥100,000を定期預金口座に預け入れた。

　　（借）定 期 預 金　　100,000　　　（貸）普 通 預 金　　100,000

 小 口 現 金

1　小口現金勘定

　少額の細かい日常的な諸経費の支払いのために一定の現金を手提げ金庫に入れて手元に用意しておく。この少額の支払のために用意された現金を**小口現金**といい，**小口現金勘定**（**資産の勘定**）で処理する。

　小口現金の担当者を用度係（小払係，小口係）という。一定の現金を前渡ししておき，支払報告を受けて仕訳を行う人を会計係（経理部）という。

2　定額資金前渡法

　用度係が保有する小口現金の手許有高が，一定期間（１週間または１カ月間）のはじめに一定額となるように会計係が用度係に現金あるいは小切手の振り出しによって前渡しする。諸経費の支払いを小口現金出納帳に記入し，一定期間終了後に用度係は会計係にその支払報告をする。会計係は，支払報告にもとづいて，支払額と同額を小口現金として用度係に渡す。このような方法を**定額資金前渡法**（**インプレスト・システム**）という。

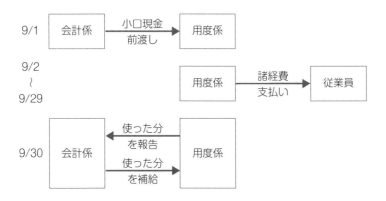

例題7-5

9月1日　定額資金前渡法により，会計係は用度係に小口現金として¥50,000を小切手#3を振り出して前渡しした。

（借）小 口 現 金　　　50,000　　　（貸）当 座 預 金　　　50,000

9月30日　会計係は用度係から9月中の支払いについて以下のような報告があった。支払額と同額の小切手#17を振り出して補給した。

バス代¥5,000，ハガキ代¥2,000，コピー用紙代¥1,300，新聞代¥1,500

（借）旅費交通費　　　5,000　　　（貸）小 口 現 金　　　9,800

　　　通 信 費　　　2,000

　　　消 耗 品 費　　　1,300

　　　雑 　 費　　　1,500

（借）小 口 現 金　　　9,800　　　（貸）当 座 預 金　　　9,800

3　小口現金出納帳

小口現金出納帳は小口現金の補給と支払明細を取引発生順に記録する補助簿である。頻繁に使用する勘定科目について内訳欄に記入するようになっているところが特徴的である。

月末補給の場合　　　　　　　　　　　　小口現金出納帳

受　入	令和×年		摘　要	支　払	旅費交通費	消耗品費	通信費	雑費	残　高
50,000	9	1	小切手#3受入						50,000
		3	バス回数券	5,000	5,000				45,000
		10	ハガキ代	2,000			2,000		43,000
		17	コピー用紙代	1,300		1,300			41,700
		24	新聞代	1,500				1,500	40,200
			合　計	9,800	5,000	1,300	2,000	1,500	
9,800		30	小切手#17受入						50,000
		〃	次月繰越	50,000					
59,800				59,800					
50,000	10	1	前月繰越						50,000

月初めの残高は同じ／補給額／支払報告額／補給後の一定額

月初補給の場合

受　入	令和×年		摘　要	支　払	旅費交通費	消耗品費	通信費	雑費	残　高
			合　計	9,800	5,000	1,300	2,000	1,500	
		〃	次月繰越	40,200					
50,000				50,000					
40,200	10	1	前月繰越						40,200
9,800		〃	小切手#17受入						50,000

58

🔆 事後学習

次の取引について仕訳をしなさい。ただし，勘定科目は次の中からもっとも適当と思われるものを選ぶこと。

現金，当座預金，売掛金，買掛金，売上，受取手数料，仕入，旅費交通費，消耗品費，通信費，雑費，現金過不足

1 売掛金¥30,000 の回収として郵便為替証書を受け取った。
2 金庫を実査したところ，現金の実際有高は¥13,000 であったが，現金出納帳の残高は¥18,000 であった。
3 上記2の現金不足額は通信費の計上もれであることが判明した。
4 A商店はB商店に対する売掛金¥65,000 について以前にA商店が振り出した小切手で受け取った。
5 用度係から，以下の1ヵ月分の支払報告を受け，ただちに同額の小切手を振り出した。
　バス代¥3,000　　切手代¥2,500　　ボールペン¥800
　茶菓子代¥5,000

🔆 事前学習解答

1 他人振出の小切手，郵便為替証書，送金小切手，配当金領収書，支払期日の到来した公社債の利札などがある。
2 実際有高と帳簿残高を照合し，一致していないとわかったときは，原因がわかるまで，とりあえず，帳簿残高を実際有高に合わせる。重要なことは，記録を事実に合わせるということである。したがって帳簿残高が実際残高になるように帳簿上の現金を調整する。実際有高＞帳簿残高のとき，現金過不足勘定の借方に記入し，反対に実際有高＜帳簿残高のときは，貸方に記入する。
3 自分が振り出した小切手を自己振出小切手といい，他人が振り出した小切

手を他人振出小切手という。自己振出小切手は，売掛金の回収などで受け取ったときは当座預金勘定の借方に記入する。他人振出小切手は，現金として処理する。

4　普通預金，定期預金などがある。複数の金融機関を利用している場合には口座ごとに勘定を設定する。たとえば，普通預金A銀行，普通預金B銀行など同じ種類の預金でもどの銀行の勘定かわかるように記帳する。

5　小口現金から支払われる主なものとして次のようなものがある。

・旅費交通費…タクシー代，バス代，電車代，回数券など

・通信費…ハガキ代，切手代，電話代など

・消耗品費…文房具代など

・水道光熱費…電気代，水道代，ガス代など

・雑費…茶菓子代，新聞代など

☀ 事後学習解答

1	（借）	現　　　金	30,000	（貸）	売　掛　金	30,000
2	（借）	現金過不足	5,000	（貸）	現　　　金	5,000
3	（借）	通　信　費	5,000	（貸）	現金過不足	5,000
4	（借）	当 座 預 金	65,000	（貸）	売　掛　金	65,000
5	（借）	旅費交通費	3,000	（貸）	当 座 預 金	11,300
		通　信　費	2,500			
		消 耗 品 費	800			
		雑　　　費	5,000			

60

第 8 章

商 品 売 買

1 「商品」について説明しなさい。
2 「売買」について説明しなさい。

Ⅰ 商品売買とは

商品売買とは，企業が商品を仕入れ，その**商品**を売ることである。

企業の一番多い取引であり，商品を仕入れたとき，商品を売ったとき，その代金を支払うとき，代金をもらうときにどのような会計処理をするのかを考えることである。ここでは，**仕入**，**売上**，**繰越商品**の3つの勘定で商品売買を表す**3分法**を持ちいる。

商品を購入することを**仕入**といい，仕入れたときの価格を**原価**という。

商品を顧客に販売することを**売上**といい，販売したときの価格を**売価**という。商品には，企業が自己で製造するものやサービスも含まれる。

Ⅱ 仕 入 れ

企業が商売をするためには，販売する商品を購入する必要がある。販売する商品を購入することを**仕入**という。企業は商売をするために商品を購入して売るという経済活動を行っている。仕入は商品を販売し，収益を上げるための費用となる。

簿記上の取引は，物やお金が動いたときに取引と認識するものであり，仕入は商品が到着したときに仕入を認識し，仕入勘定（費用）の増加として処理する。

例題 8−1

九州商店から 100 円の商品を仕入れ，代金は現金で支払った。

　　（借）仕　　　　入　　　　100　　　　（貸）現　　　　金　　　　　100

＊　商品の受取りと同時に仕入（費用）の増加が記入され，同時の現金の支払いにより現金（資産）の勘定科目の減少が起きる。

Ⅲ 売 上 げ

企業が商売をするためには，仕入れた商品を販売するする必要がある。商品を販売する取引を売上という。

企業は商売をするために商品を仕入れ，販売するという経済活動を行っている。売上は仕入れた商品を販売した際に得た収入であり，収益として計上する。

商品の販売による出荷により，収益は増加していることから，売上（収益）勘定科目の増加として処理する。

例題 8−2

中国商店に 150 円の商品を売り上げ，代金は現金で受取った。

　　（借）現　　　　金　　　　150　　　　（貸）売　　　　上　　　　　150

＊　商品の販売と同時に売上（収益）が記入され，同時に現金の受取りにより現金（資産）の勘定科目の増加が起きる。

掛け（信用取引）による仕入れ，売上げ

　商取引では商品の代金を仕入あるいは売上と同時に現金で支払わないで，ある程度まとめて，後日支払う取引が行われている。

　掛取引とは，商品の代金を販売した後に支払ったり，受取ったりする事を約束して商品を仕入れたり，売上げたりすることをいう。

　このような取引を**掛け**（信用取引）という。信用取引では，請求をまとめる日である**締日**と支払う日**支払日**が設定される。

1　仕入れ代金を後日支払う義務を表す科目として，**買掛金**（**負債**）の勘定科目で処理する。

（例題8−3）

　九州商店から100円の商品を仕入れ，代金は掛とした。

　　　（借）仕　　　　入　　　　100　　　（貸）買　掛　金　　　　100

　＊　仕入（費用）が記入され，あとで支払う義務により買掛金（負債）の勘定科目の増加が起きる。

2　売上げ代金を後日受取れる権利を表す科目として，**売掛金**（**資産**）の勘定科目で処理する。

（例題8−4）

　中国商店に150円の商品を売り上げ，代金は掛けとした。

　　　（借）売　掛　金　　　　150　　　（貸）売　　　上　　　　150

　＊　「売上」（収益）が記入され，売掛金の計上により売掛金（資産）の勘定科目の増加が起きる。

Ⅴ 諸 掛 り

商品を仕入れる時や売上げる時の運賃，保険料，手数料，関税，保管料などの費用を**諸掛**（しょかかり）という。

仕入れる時の費用，売上げる時の費用であるが，自分が負担する場合と相手が負担する場合があり，どちらが負担するかにより勘定科目が異なる。

例題8-5

近畿商店から100円の商品を仕入れ，代金は掛とした。なお，引取運賃10円は現金で支払った。

（借）仕　　　入	110	（貸）買　掛　金	100
		現　　　金	10

＊　仕入（費用）が記入され，あとで支払う義務により買掛金（負債）の勘定科目の増加が起きる。

例題8-6

中部商店に150円の商品を売り上げ，代金は掛けとした。なお，発送運賃10円は現金で支払った。

①　売上側の負担の場合

（借）売　掛　金	150	（貸）売　　　上	150
（借）発　送　費	10	（貸）現　　　金	10

＊　売上取引と同時に，発送費（費用）の勘定科目で処理する。購入者側に請求しないので，売上側の経費となる。

②　購入者側の負担で，売上側立替の場合

（借）売　掛　金	160	（貸）売　　　上	150
		現　　　金	10

＊　売上取引に付随した経費だが，売上側が購入者側のために立替え払いしたもので

あり，請求先は購入者側であることから，売掛金に含めて処理する。

③　購入者側の負担で，購入者側支払の場合

（借）売　掛　金　　　　　150　　　（貸）売　　　　上　　　　　150

＊　自分が負担する発送費に関するお金の動きがないので，発送費に関する仕訳はない。

☀　事 後 学 習

　次の取引の仕訳をしなさい。また，カッコ内の用語について調べなさい。

1　九州商店から 10,000 円の商品を仕入れ，代金のうち 2,000 円を現金で支払い，残額は掛けにした（仕入，買掛金）。

2　小倉商店に商品 15,000 円を売り上げ，代金を掛けにして，発送運賃 300 円を現金で支払った（売上，売掛金，発送費）。

☀　事前学習解答

1　「商品」とは，法的には売買の目的物である財貨（動産）を指す。経済的には，経済活動において生産・流通・交換される物財のことである。商品には，品物だけでなく，サービスの提供や権利・情報などがある。簿記上では，商品は資産となる。

2　「売買」とは，法的には売主が目的物の財産権を買主に移転し，買主がその代金を支払うとする契約である。一般的には，物を売ったり買ったりする経済活動のことである。簿記上では，売上（収益），仕入（費用）となる。

☀　事後学習解答

1　（借）仕　　　入　　　10,000　　　（貸）現　　　　金　　　　2,000
　　　　　　　　　　　　　　　　　　　　　　　買　掛　金　　　　8,000

（仕　入）

　企業が商売をするためには，販売する商品を購入する必要がある。販売する商品を購入することを仕入という。仕入れたときの価格を原価という。仕入は

商品を販売し，収益を上げるための費用となる。

（買掛金）

　商品の代金を仕入れた時に現金で支払わないで，後日支払う取引が買掛金である。このような取引を信用取引という。信用取引では，請求をまとめる日（締日）と支払う日（支払日）が設定される。

2　（借）売　掛　金　　　15,000　　（貸）売　　　　上　　　15,000
　　（借）発　送　費　　　　　300　　（貸）現　　　　金　　　　　300

（売　上）

　企業が商売をするためには，仕入れた商品を販売するする必要がある。商品を販売する取引を売上という。売上たときの価格を売価という。売上は仕入れた商品を販売した際に得た収入であり，収益として計上する。

（売掛金）

　商品の代金を売上と時に現金で受領しないで，後日受領する取引が売掛金である。このような取引を信用取引という。信用取引では，請求をまとめる日である**締日**と支払う日の**支払日**が設定される。

（発送費）

　商品を仕入れる時や売上げる時の運賃などの費用を**諸掛**（しょかかり）という。仕入れる時の費用，売上げる時の費用であるが，自分が負担する場合と相手が負担する場合があり，どちらが負担するかにより勘定科目が異なる。

第9章

仕入帳と売上帳

事前学習

1　仕入帳ではどのようなことが明らかにされるか，調べなさい。

2　売上帳ではどのようなことが明らかにされるか，調べなさい。

I　仕　入　帳

仕入帳は商品の仕入取引に関する明細（取引先，商品名，数量，単価など）を記録する**補助簿**である。仕入帳の記入例は次のとおりである。

仕　入　帳

令和〇年		摘　要①				内　訳②	金　額	
9	1	北海道商店			掛け			
		商品A	40個	(@	300円)	12,000		
		商品B	30個	(@	500円)	15,000	27,000	
	3	北海道商店			掛け返品			③
		商品A	5個	(@	300円)		1,500	
	15	青　森　商　店			現金			
		商品C	25個	(@	200円)	5,000		
		商品D	50個	(@	400円)	20,000	25,000	
	30			総　仕　入　高			52,000	④
	〃			返品・値引高			1,500	
				純　仕　入　高			50,500	

67

① 摘要欄には取引先，商品名，支払方法，数量，単価などを記入し，合計額を金額欄に記入する。
② 複数の種類の商品を仕入れたときには，内訳欄に商品ごとの金額を記入し，合計額を金額欄に記入する。
③ 返品や値引きが発生したときは，日付，摘要，金額のすべてを朱記（またはカッコ書き）する。
④ 金額欄に合計線を引いて**総仕入高**（返品や値引きを控除する前の金額）を求め，次に返品や値引きの金額を控除して**純仕入高**を計算する。

Ⅱ 売 上 帳

売上帳は商品の売上取引に関する明細（取引先，商品名，数量，単価など）を記録する**補助簿**である。売上帳の記入例は次のとおりである。

売　上　帳

令和〇年		摘　　　要①				内　訳②	金　額
10	1	沖 縄 商 店			掛け		
			商品A	30個	(@　500円)	15,000	
			商品B	20個	(@　750円)	15,000	30,000
	5	沖 縄 商 店			掛け返品		③
			商品A	3個	(@　500円)		1,500
	20	鹿 児 島 商 店			現金		
			商品C	15個	(@　300円)	4,500	
			商品D	40個	(@　600円)	24,000	28,500
	30			総 売 上 高			58,500 ④
	〃			返品・値引高			1,500
				純 売 上 高			57,000

① 　摘要欄には取引先，商品名，受取方法，数量，単価などを記入し，合計額を金額欄に記入する。

② 　複数の種類の商品を売り上げたときには，内訳欄に商品ごとの金額を記入し，合計額を金額欄に記入する。

③ 　**返品**や**値引き**が発生したときは，日付，摘要，金額のすべてを朱記（またはカッコ書き）する。

④ 　金額欄に合計線を引いて**総売上高**（返品や値引きを控除する前の金額）を求め，次に返品や値引きの金額を控除して**純売上高**を計算する。

☼ 事 後 学 習

次の取引にもとづいて，仕入帳と売上帳を完成させよ。

6 月 1 日　秋田商店から次の商品を掛けで仕入れた。

　　　　　商品A　50 個（@ 600 円）　　商品B　120 個（@ 50 円）

　　4 日　上記 1 日に仕入れた商品のうち，商品Aを 2 個返品した。

　　10 日　宮崎商店に次の商品を掛けで売り上げた。

　　　　　商品A　30 個（@ 900 円）　　商品B　80 個（@ 80 円）

　　15 日　10 日に売り上げた商品のうち，商品Bが 10 個返品された。

　　21 日　岩手商店から次の商品を掛けで仕入れた。

　　　　　商品C　60 個（@ 450 円）　　商品D　30 個（@ 1,000 円）

　　28 日　熊本商店に次の商品を掛けで売り上げた。

　　　　　商品C　45 個（@ 700 円）　　商品D　10 個（@ 1,500 円）

仕　入　帳

令和 ○年		摘　　要	内　訳	金　額
6	1	秋田商店　　　　　　　　　掛け		
		商品A　（　個）　（@　円）	（　　　）	
		商品B　（　個）　（@　円）	（　　　）	（　　　）
	4	秋田商店　　　　　　　掛け返品		
		商品A　（　個）　（@　円）		（　　　）
	21	岩手商店　　　　　　　　　掛け		
		商品C　（　個）　（@　円）	（　　　）	
		商品D　（　個）　（@　円）	（　　　）	（　　　）
	30	総　仕　入　高		（　　　）
	〃	返品・値引高		（　　　）
		純　仕　入　高		（　　　）

売　上　帳

令和 ○年		摘　　要	内　訳	金　額
6	10	宮崎商店　　　　　　　　　掛け		
		商品A　（　個）　（@　円）	（　　　）	
		商品B　（　個）　（@　円）	（　　　）	（　　　）
	15	宮崎商店　　　　　　　掛け返品		
		商品A　（　個）　（@　円）		（　　　）
	28	熊本商店　　　　　　　　　現金		
		商品C　（　個）　（@　円）	（　　　）	
		商品D　（　個）　（@　円）	（　　　）	（　　　）
	30	総　売　上　高		（　　　）
	〃	返品・値引高		（　　　）
		純　売　上　高		（　　　）

☀ **事後学習解答**

仕　入　帳

令和〇年		摘　　要	内　訳	金　額
6	1	秋田商店　　　　　　　　　掛け		
		商品A　（ 50個）　（@　600円）	(30,000)	
		商品B　（120個）　（@　 50円）	(6,000)	(36,000)
	4	**秋田商店　　　　　　　掛け返品**		
		商品A　（ 2個）　（@　600円）		(1,200)
	21	岩手商店　　　　　　　　　掛け		
		商品C　（ 60個）　（@　450円）	(27,000)	
		商品D　（ 30個）　（@ 1,000円）	(30,000)	(57,000)
	30	総　仕　入　高		(93,000)
	〃	返品・値引高		(1,200)
		純　仕　入　高		(91,800)

売　上　帳

令和〇年		摘　　要	内　訳	金　額
6	10	宮崎商店　　　　　　　　　掛け		
		商品A　（ 30個）　（@　900円）	(27,000)	
		商品B　（ 80個）　（@　 80円）	(6,400)	(33,400)
	15	**宮崎商店　　　　　　　掛け返品**		
		商品A　（ 10個）　（@　 80円）		(800)
	28	熊本商店　　　　　　　　　掛け		
		商品C　（ 45個）　（@　700円）	(31,500)	
		商品D　（ 10個）　（@ 1,500円）	(15,000)	(46,500)
	30	総　売　上　高		(79,900)
	〃	返品・値引高		(800)
		純　売　上　高		(79,100)

第10章 商品有高帳

:sun: 事前学習

1 商品有高帳とは何かについて調べなさい。

2 先入先出法による払出単価の計算方法について調べなさい。

3 移動平均法による払出単価の計算方法について調べなさい。

I 商品有高帳

　商品有高帳とは商品の種類ごとに，商品の受け入れや払い出しのつど，数量，単価，金額を記録して残高の内訳明細を明らかにするための補助簿である。商品有高帳の記入例は次のとおりである。

商 品 有 高 帳

（先入先出法）　　　　　　　　　　商品 A ①

令和○年		摘 要②	受 入③			払 出④			残 高⑤		
			数量	単価	金額	数量	単価	金額	数量	単価	金額
7	1	前月繰越	60	400	24,000				60	400	24,000
	8	仕　　入	120	430	51,600				60	400	24,000
									120	430	51,600
	14	売　　上				60	400	24,000			
						20	430	8,600	100	430	43,000

① 商品の種類ごとに商品有高帳を作成する。

72

② 摘要欄には取引内容を簡単に記入する。

③ 商品を仕入れたときには，受入欄に数量，単価，金額を記入する。

④ 商品を販売したときには，払出欄に数量，単価，金額を記入する。

　このとき，原価で記入する点に注意すること。

⑤ 商品の在庫について，残高欄に数量，単価，金額を記入する。

 # Ⅱ　払出単価の計算方法

　同じ種類の商品でも，仕入の時期や仕入先の違いによって仕入単価が異なる場合がある。そのため，商品を払い出したときに，いくらの商品を払い出したのかを決める必要がある。商品の**払出単価**（はらいだしたんか）の計算方法には，**先入先出法**（さきいれさきだしほう）と**移動平均法**がある。

1　先入先出法

　先入先出法は，先に受け入れた商品から先に払い出されたと仮定して，商品の払出単価を計算する方法である。

2　移動平均法

　移動平均法は，商品を受け入れるたび平均単価を計算し，その平均単価を払出単価とする方法である。平均単価を求める計算式を示すと次のとおりである。

$$平均単価＝\frac{直前の残高金額＋受入金額}{直前の残高数量＋受入数量}$$

　以下の取引例にもとづいて，先入先出法と移動平均法による商品有高帳の記入方法を確認してみよう。

7月1日	前月繰越	60 個	@ 400 円
8日	仕　入	120 個	@ 430 円
14日	売　上	80 個	@ 700 円（売価）
22日	仕　入	150 個	@ 440 円
25日	売　上	200 個	@ 720 円（売価）

商 品 有 高 帳

(先入先出法)　　　　　　　　　商 品 A

令和 〇年		摘 要	受 入			払 出			残 高			
			数量	単価	金 額	数量	単価	金 額	数量	単価	金 額	
7	1	前月繰越	60	400	24,000				60	400	24,000	①
	8	仕　　入	120	430	51,600				60	400	24,000	②
									120	430	51,600	
	14	売　　上				60	400	24,000				③
						20	430	8,600	100	430	43,000	
	22	仕　　入	150	440	66,000				100	430	43,000	
									150	440	66,000	
	25	売　　上				100	430	43,000				
						100	440	44,000	50	440	22,000	
	31	次月繰越				50	440	22,000				④
			330		141,600	330		141,600				⑤
8	1	前月繰越	50	440	22,000				50	440	22,000	

① 前月からの繰越分を受入欄に記入したうえで，残高欄には受入後の残高を
　 記入する。

② 商品を受け入れたときは受入欄に記入したうえで，残高欄には受入後の残
　 高を記入する。受入単価が異なるものが残高として残っている場合には，単
　 価が異なるものごとに分けて記入したうえで，カッコで括る。

③ 商品を払い出したときは払出欄に原価で記入するとともに，残高欄に払出
　 後の残高を記入する。先入先出法では先に受け入れた商品から先に払い出す
　 と仮定しているため，払出欄には単価が異なるものごとに分けて記入したう
　 えで，カッコで括る。なお，7／14には先に受け入れた単価400円の商品が
　 60個，後で受け入れた単価430円の商品が20個払い出されたとみる。

④ 月末には，摘要欄に次月繰越と記入したうえで，払出欄に月末の残高を記
　 入する。

⑤ 受入欄と払出欄の数量と金額を合計し，2重線を引いて締め切る。また，

次月に備えて，繰越分を受入欄と残高欄に記入する。

商 品 有 高 帳

（移動平均法）　　　　　　　　　商 品 Ａ

令和〇年		摘　要	受　入			払　出			残　高		
			数量	単価	金　額	数量	単価	金　額	数量	単価	金　額
7	1	前月繰越	60	400	24,000				60	400	24,000
	8	仕　　入	120	430	51,600				180	420	75,600 ①
	14	売　　上				80	420	33,600	100	420	42,000 ②
	22	仕　　入	150	440	66,000				250	432	108,000
	25	売　　上				200	432	86,400	50	432	21,600
	31	次月繰越				50	432	21,600			
			330		141,600	330		141,600			
8	1	前月繰越	50	432	21,600				50	432	21,600

① 　移動平均法では，商品を受け入れるたびに，残高欄に平均単価で記入する。なお，7／8と7／22における残高欄の単価は，以下のように計算している。

7／8の残高欄　$\dfrac{24,000 + 51,600}{60 \text{個} + 120 \text{個}} = @ 420 \text{円}$

7／22の残高欄　$\dfrac{42,000 + 66,000}{100 \text{個} + 150 \text{個}} = @ 432 \text{円}$

② 　商品を払い出したときは払出欄に平均単価で記入する。

☀ 事 後 学 習

　次の資料は商品Ｂの仕入と売上の状況を示したものである。先入先出法と移動平均法により商品有高帳を完成させよ。

10月1日	前 月 繰 越	100 個	@ 200 円
7日	仕　　入	200 個	@ 260 円
15日	売　　上	150 個	@ 300 円（売価）
18日	仕　　入	300 個	@ 270 円
24日	売　　上	300 個	@ 320 円（売価）

商 品 有 高 帳

（先入先出法）　　　　　　　　　　商　品　B

令和〇年		摘　要	受　入			払　出			残　高		
			数量	単価	金　額	数量	単価	金　額	数量	単価	金　額
10	1	前月繰越	100	200	20,000				100	200	20,000
	( )	( )	( )	( )	( )				( )	( )	( )
									( )	( )	( )
	( )	( )				( )	( )	( )			
						( )	( )	( )			
	( )	( )	( )	( )	( )				( )	( )	( )
									( )	( )	( )
	( )	( )				( )	( )	( )			
						( )	( )	( )			
	31	次月繰越				( )	( )	( )			
			( )		( )	( )		( )			
11	1	前月繰越	( )	( )	( )				( )	( )	( )

商 品 有 高 帳

（移動平均法）　　　　　　　　　　商　品　B

令和〇年		摘　要	受　入			払　出			残　高		
			数量	単価	金　額	数量	単価	金　額	数量	単価	金　額
10	1	前月繰越	100	200	20,000				100	200	20,000
	( )	( )	( )	( )	( )				( )	( )	( )
	( )	( )				( )	( )	( )	( )	( )	( )
	( )	( )	( )	( )	( )				( )	( )	( )
	31	次月繰越				( )	( )	( )			
			( )		( )		( )	( )			
11	1	前月繰越	( )	( )	( )				( )	( )	( )

☀ **事前学習解答**

1　商品有高帳とは，商品の種類ごとに商品の受け入れ，支払ごとに数量，単価，金額を記録する帳簿。

2　先入先出法は，先に仕入れた商品から先に払い出すと仮定して払出単価を計算する。

3　移動平均法は，受け入れるたびに平均単価を計算し，その平均単価を払出単価とする方法。

☀ **事後学習解答**

商 品 有 高 帳

（先入先出法）　　　　　　　　　　　商 品　B

令和 ○年		摘　要	受　入			払　出			残　高		
			数量	単価	金　額	数量	単価	金　額	数量	単価	金　額
10	1	前月繰越	100	200	20,000				100	200	20,000
	(7)	(仕　入)	(200)	(260)	(52,000)				(100)	(200)	(20,000)
									(200)	(260)	(52,000)
	(15)	(売　上)				(100)	(200)	(20,000)			
						(50)	(260)	(13,000)	(150)	(260)	(39,000)
	(18)	(仕　入)	(300)	(270)	(81,000)				(150)	(260)	(39,000)
									(300)	(270)	(81,000)
	(24)	(売　上)				(150)	(260)	(39,000)			
						(150)	(270)	(40,500)	(150)	(270)	(40,500)
	31	次月繰越				(150)	(270)	(40,500)			
			(600)		(153,000)	(600)		(153,000)			
11	1	前月繰越	(150)	(270)	(40,500)				(150)	(270)	(40,500)

商 品 有 高 帳

（移動平均法）　　　　　　　　　　商 品 B

令和○年		摘 要	受 入			払 出			残 高		
			数量	単価	金 額	数量	単価	金 額	数量	単価	金 額
10	1	前月繰越	100	200	20,000				100	200	20,000
	(7)	(仕　入)	(200)	(260)	(52,000)				(300)	(240)	(72,000)
	(15)	(売　上)				(150)	(240)	(36,000)	(150)	(240)	(36,000)
	(18)	(仕　入)	(300)	(270)	(81,000)				(450)	(260)	(117,000)
	(24)	(売　上)				(300)	(260)	(78,000)	(150)	(260)	(39,000)
	31	次月繰越				(150)	(260)	(39,000)			
			(600)		(153,000)	(600)		(153,000)			
11	1	前月繰越	(150)	(260)	(39,000)				(150)	(260)	(39,000)

78

第 **11** 章

売掛金と買掛金

☀ 事前学習

次の取引の仕訳をしなさい。また，①掛け取引，②貸倒れとは何かについて調べなさい。

8／1　岩手商店から商品を¥3,000で，盛岡商店から商品を¥5,000で仕入れ，代金は掛けとした。

8／10　岩手商店に対する買掛金のうち¥2,000を，盛岡商店に対する買掛金のうち¥4,000を，それぞれ現金で支払った。

8／15　仙台商店に商品を¥6,000で，山形商店に商品を¥4,000で売り上げ，代金は掛けとした。

8／25　仙台商店に対する売掛金のうち¥5,000を，山形商店に対する売掛金のうち¥3,000を現金で回収した。

8／28　商品¥12,000をクレジット払いの条件で売り上げ，カード会社へのクレジット手数料（販売代金の5%）を販売時に計上した。

I 売掛金・買掛金

ふだん私たちが買物をするときは現金を支払うが，商品を販売したり仕入れたりする取引回数が多い会社間では，取引のつど現金の授受を行うと現金を数えたり領収証の発行などの手数がかかる。また，現金が多額の場合，持ち運ぶことは危険である。

そこで，会社間で取り決めをしている一定期間内の商品の販売時・仕入時に

は現金の授受を行わず，その期間内で生じた受取額・支払額を月末などにまとめて受取り・支払いすることが行われる。このような取引を**掛取引**という。

　商品を掛けで販売したときは，相手に対して後日代金を受け取る権利，すなわち債権が生じる。この債権を**売掛金**という。反対に，商品を掛けで仕入れたときには，相手に対して後日代金を支払う義務，すなわち債務が生じる。この債務を**買掛金**という。

　また，商品を販売したときに代金の支払いにクレジットカードが使用されることがある。これも**掛取引**となるが，クレジットカード会社（信販会社）に対する掛け代金のため，売掛金とは区別して，**クレジット売掛金**という。クレジットカードの利用にともなう信販会社に対する手数料の支払額は，原則として，商品の販売時に支払手数料を計上する。

Ⅱ　掛取引の仕訳と勘定記入

　得意先（売上先）に商品を掛けで販売したときは，その掛売上高を**売掛金勘定**の借方に記入し，代金の回収高，掛け戻り・値引高は売掛金勘定の貸方に記入する。その結果，売掛金勘定の借方残高は代金の未回収高を表す。

　仕入先から商品を掛けで仕入れたときは，その掛仕入高を**買掛金勘定**の貸方に記入し，代金の支払高，掛け戻し・値引高は買掛金勘定の借方に記入する。その結果，買掛金勘定の貸方残高は，代金の未払高を表す。

例題11-1

次の取引を3分法により仕訳し，売掛金勘定，買掛金勘定に転記しなさい。なお，売掛金勘定と買掛金勘定の前月繰越高がすでに記入されている。

8／3 長崎商店から商品を￥300で，福岡商店から商品を￥400で仕入れ，代金は掛けとした。

8／8 熊本商店に商品を￥500で，宮崎商店に商品を￥600で売り上げ，代金は掛けとした。

8／20 長崎商店に対する買掛金のうち￥240を，福岡商店に対する買掛金のうち￥320を，それぞれ現金で支払った。

8／25 熊本商店から売掛金￥500を，宮崎商店から売掛金￥400を，それぞれ現金で回収した。

✎ **解 答**

8／3	（借）仕 入	700	（貸）買 掛 金	700
8／8	（借）売 掛 金	1,100	（貸）売 上	1,100
8／20	（借）買 掛 金	560	（貸）現 金	560
8／25	（借）現 金	900	（貸）売 掛 金	900

総勘定元帳

売掛金

8／1	前月繰越	500	8／25	現 金	900
8／8	売 上	1,100			

買掛金

8／20	現 金	560	8／1	前月繰越	230
			8／8	仕 入	700

Ⅲ # 人 名 勘 定

得意先（売上先）や仕入先が複数ある場合には，売掛金勘定，買掛金勘定の記入からだけでは，個々の取引先ごとの売掛金，買掛金の明細を知ることができない。そこで，個々の取引先の商店名をつけた勘定を設けることで，取引先ごとの明細を知ることができる。このような勘定を**人名勘定**という。

例題11-2

例題11-1の取引を，人名勘定を用いて仕訳し，各人名勘定に転記しなさい。なお，各人名勘定の前月繰越高はすでに記入されている。

 解　答

8／3	（借）仕　　　入	700		（貸）長 崎 商 店	300			
				福 岡 商 店	400			
8／8	（借）熊 本 商 店	500		（貸）売　　　上	1,100			
	宮 崎 商 店	600						
8／20	（借）長 崎 商 店	240		（貸）現　　　金	560			
	福 岡 商 店	320						
8／25	（借）現　　　金	900		（貸）熊 本 商 店	500			
				宮 崎 商 店	400			

熊 本 商 店

8／1	前月繰越	400	8／25	現　　金	500
8／8	売　　上	500			

宮 崎 商 店

8／1	前月繰越	100	8／25	現　　金	400
8／8	売　　上	600			

長 崎 商 店

8／20	現　　金	240	8／1	前月繰越	180
			8／3	仕　　入	300

福 岡 商 店

8／20	現　　金	320	8／1	前月繰越	50
			8／3	仕　　入	400

Ⅳ 売掛金元帳と買掛金元帳

　人名勘定を用いる場合，取引先数が多いと人名勘定の口座数も増え，かえって記帳が煩雑になる。また，売掛金，買掛金の総額を計算するにも手数がかかる。そこで，総勘定元帳には人名勘定を設けず，売掛金勘定・買掛金勘定で売

掛金・買掛金の全体額を把握する。そして，**売掛金元帳**（得意先元帳）・**買掛金元帳**（仕入先元帳）という補助簿を設け，その補助簿に人名勘定を設けて記帳する方法が用いられる。

　この方法で記入すると，売掛金勘定の借方合計額，貸方合計額及び残高は，売掛金元帳の各人名勘定の借方合計額，貸方合計額及び残高合計額に一致する。

　また，買掛金勘定の貸方合計額，借方合計額及び残高は，買掛金元帳の各人名定の貸方合計額，借方合計額及び残高合計額と一致する。その結果，売掛金勘定は売掛金元帳のすべての人名勘定を，買掛金勘定は買掛金元帳のすべての人名勘定を統制する勘定となる。このような勘定を統制勘定という。

　[例題11-1]の取引を，売掛金元帳，買掛金元帳の各人名勘定に記入すれば，以下のようになる。

売 掛 金 元 帳
熊 本 商 店

令和○年		摘　　要	借　方	貸　方	借／貸	残　高
8	1	前 月 繰 越	400		借	400
	8	売　　上	500		〃	900
	25	現 金 回 収		500	〃	400
	31	次 月 繰 越		400		
			900	900		
9	1	前 月 繰 越	400		借	400

宮 崎 商 店

令和○年		摘　　要	借　方	貸　方	借／貸	残　高
8	1	前 月 繰 越	100		借	100
	8	売　　上	600		〃	700
	25	現 金 回 収		400	〃	300
	31	次 月 繰 越		300		
			700	700		
9	1	前 月 繰 越	300		借	300

買 掛 金 元 帳

長崎商店

令和 ○年		摘　　　　要	借　　方	貸　　方	借/貸	残　　高
8	1	前 月 繰 越		180	貸	180
	3	仕　　　　入		300	〃	400
	20	現 金 支 払	240		〃	240
	31	次 月 繰 越	240			
			480	480		
9	1	前 月 繰 越		240	貸	240

福岡商店

令和 ○年		摘　　　　要	借　　方	貸　　方	借/貸	残　　高
8	1	前 月 繰 越		50	貸	50
	3	仕　　　　入		400	〃	450
	20	現 金 支 払	320		〃	130
	31	次 月 繰 越	130			
			450	450		
9	1	前 月 繰 越		130	貸	130

貸　倒　れ

　商品を掛けで販売する取引では，後日，得意先から売掛金を回収することを前提としているが，得意先の倒産などにより代金の回収ができないことがある。このように，得意先に対する売掛金などの債権が回収不能になることを**貸倒れ**という。掛販売で貸倒れが生じたときは，その損失額を貸倒損失勘定の借方に記入し，回収不能額を売掛金勘定の貸方に記入して，売掛金を減額させる。売掛金元帳に人名勘定を設けているときは，貸倒れになった人名勘定の貸方にも回収不能額を記入する。

例題11－3

得意先の大阪商店が倒産し，同店に対する売掛金¥3,000が回収不能になった。この取引の仕訳を示しなさい。

✎ 解 答

（借）貸 倒 損 失 　　　3,000 　　　（貸）売 掛 金 　　　3,000

Ⅵ 貸倒れの見積り

1 決算時の処理

(1) 貸倒引当金の設定①

商品の販売を掛けで行う場合には，貸倒れの発生は避けられないため，貸倒れが発生する前に，ある程度の損失を予想して備えておく必要がある。

決算において，未回収の売掛金のうち将来貸倒れになりそうな金額を予想して見積りをする。その見積りした金額を貸倒引当金という。具体的な金額は次の計算式によって求める。

貸倒れの見積額＝期末の売掛金残高×貸倒れ設定率

見積もった金額を，貸倒引当金繰入勘定の借方に記入するとともに，貸倒引当金勘定の貸方に記入する。

例題11－4

決算において，売掛金の期末残高¥1,000に対し，5％の貸倒れを見積もった。

✎ 解 答

（借）貸倒引当金繰入 　　　50※ 　　　（貸）貸倒引当金 　　　50
※ ¥1,000 × 5％ 5 ＝ ¥50

(2) 貸倒引当金の設定②（貸倒引当金の期末残高がある場合）

決算において，前期の貸倒引当金がまだ残っている場合がある。この場合に

は次のように処理をする。貸倒見積額から貸倒引当金残高を差し引いた金額を貸倒引当金繰入勘定の借方に記入するとともに，貸倒引当金勘定の貸方に記入する。このような方法を**差額補充法（差額を計上する方法）**という。

<u>例題 11−5</u>

　決算において，売掛金の期末残高¥1,000に対し，5%の貸倒れを見積もった。ただし，貸倒引当金勘定の残高が¥30ある。

✎　解　答

　　（借）貸倒引当金繰入　　　　20※　　　（貸）貸倒引当金　　　　　20
　　※　¥1,000 × 5% − ¥30 ＝ ¥20

2　貸倒れ発生時の処理（貸倒引当金を設定している場合）

　決算時に貸倒れを見積もり，当期中に実際に貸倒れが発生した場合，どのように処理すればよいのであろうか。

(1)　貸倒引当金額＞貸倒れの額　の場合

　貸倒れになった額を売掛金勘定の貸方に記入するとともに，貸倒引当金勘定の借方に記入する。

<u>例題 11−6</u>

　得意先が倒産し，売掛金¥¥1,000が回収不能となり，貸倒れとして処理した。ただし，貸倒引当金の残高が¥1,500ある。

✎　解　答

　　（借）貸倒引当金　　　　1,000　　　（貸）売　掛　金　　　　1,000

(2)　貸倒引当金額＜貸倒れの額　の場合

　貸倒れになった額を売掛金勘定の貸方に記入するとともに，貸倒引当金勘定の借方に記入して，不足額を貸倒損失勘定の借方に記入する。

86

　得意先が倒産し，売掛金￥3,000が回収不能となり，貸倒れとして処理した。ただし，貸倒引当金の残高が￥2,500ある。

　✎　解　答

　　（借）貸倒引当金　　　　2,500　　　　（貸）売　掛　金　　　　3,000
　　　　　貸倒損失　　　　　　500

3　貸倒れ処理した金額の回収

　前期以前に貸倒れとして，すでに処理をした売掛金などの債権を当期中に回収した場合は，**償却債権取立益**を計上する仕訳を行う。

　前期に貸倒処理した売掛金￥200を現金で回収した。

　✎　解　答

　　（借）現　　　金　　　　200　　　　（貸）償却債権取立益　　　　200

☀　事　後　学　習

　次の取引の仕訳をしなさい。また，貸倒引当金，クレジット売掛金について説明をしなさい。

1　商品￥300,000をクレジット払いの条件で販売するとともに，信販会社へのクレジット手数料（販売代金の5％）を計上した。

2　得意先の青森株式会社が倒産し，同社に対する売掛金￥150,000（前期販売分）が回収できなくなったので，貸倒れの処理を行う。なお，貸倒引当金の残高は￥120,000である

3　前期に貸倒れとして処理していた得意先赤森商店に対する売掛金￥121,800のうち，￥42,000が回収され，当座預金口座に振り込まれた。なお，貸倒引当金勘定には￥84,000の残高がある。

4　得意先に販売した商品のうち60個（@¥240）が品違いのため返品され，掛け代金から差し引くことにした。

5　山口商店から仕入れた商品の一部に品違いがあったため，商品¥5,000を返品し，掛け代金から差し引いた。

6　本日，広島商店に対する買掛金¥100,000および売掛金¥30,000の決済日につき，広島商店の承諾を得て両者を相殺処理するとともに，買掛金の超過分¥70,000は小切手を振り出して支払った。

☀ 事前学習解答

8／1	（借）仕　　　　入	8,000	（貸）買　掛　金	8,000
8／10	（借）買　掛　金	6,000	（貸）現　　　　金	6,000
8／15	（借）売　掛　金	10,000	（貸）売　　　　上	10,000
8／25	（借）現　　　　金	8,000	（貸）売　掛　金	8,000
8／28	（借）クレジット売掛金	11,400	（貸）売　　　　上	12,000
	支払手数料	600		

👩 用語説明

① 掛取引とは，ある一定期間内の商品取引には現金の授受を行わず，その期間内で生じた受取額・支払額を月末などにまとめて受取り・支払いすることを行う取引のこと。

② 貸倒れとは，得意先の倒産などにより売掛金などの債権が回収不能になること。

☀ 事後学習解答

1	（借）クレジット売掛金	285,000	（貸）売　　　　上	300,000
	支払手数料	15,000		
2	（借）貸倒引当金	120,000	（貸）売　掛　金	150,000
	貸倒損失	30,000		

3	（借）当 座 預 金	42,000	（貸）償却債権取立益	42,000
4	（借）売　　　　上	14,400	（貸）売　掛　金	14,400
5	（借）買　掛　金	5,000	（貸）仕　　　　入	5,000
6	（借）買　掛　金	100,000	（貸）売　掛　金	3,000
			当 座 預 金	70,000

🧑 用 語 説 明

① 貸倒引当金とは，未回収の売掛金などの債権のうち，将来貸倒れになりそうな金額を予想して見積りをする金額のこと。決算時に計上する。

② クレジット売掛金とは，商品を販売し，代金の支払いがクレジットカードで行われたとき，あとでクレジットカード会社（信販会社）より受け取ることができる代金（権利）のこと。

手形取引

　商品代金の支払いや売上代金の回収手段として，現金や小切手の他に手形を用いる場合がある。

　手形とは，将来における一定の期日に一定の金額の支払いを約束する証券である。

事前学習

　次の項目について考えてみよう。

1　手形とはどのようなものか。

2　約束手形と為替手形の違いはどのような点か。

3　手形債権，手形債務が生じた場合，どのような勘定を用いるか。

4　電子記録債権および電子記録債務はどのようなものか。

I　手形の種類

　手形には**約束手形**と**為替手形**との2種類がある。約束手形は，手形代金の受取人に対して手形の振出人が一定の期日（満期日）に手形に書かれた金額（手形代金）を支払うことを約束した証券である。為替手形は，手形の振出人が名宛人（支払人）に対して一定期日に手形代金を第三者（受取人）に支払うことを

委託した証券である。なお，為替手形は今日ほとんど使われていないのでここでは約束手形を中心に取り上げる。

 約 束 手 形

1　約束手形の仕組み

企業間の取引の中の決済手段として用いられるが，約束手形では前述のとおり，手形の**振出人**（手形の作成者）が**名宛人**（手形代金の受取人）に対して手形に記載した期日（支払期日：満期日ともいう）に手形に記載された金額（手形代金）の支払いを約束した証券である。

約束手形の振出しが行われると振出人には手形債務（手形代金を支払う義務）が生じ，名宛人には手形債権（手形代金を受け取る権利）が生じる。

約束手形の振出によって生じる手形債権と手形債務は，すべて**受取手形勘定**（資産）と**支払手形勘定**（負債）で処理する。

2 約束手形の振出し・受入れ

約束手形の振出しを行った企業は，手形債務が発生するので，**支払手形勘定**に記帳する。

① 約束手形を振り出した場合の仕訳

下図のような取引において，商品の仕入れ代金の支払い手段として約束手形を振り出す場合，仕入（費用）の発生と支払手形（負債）の増加という取引となるので，

　　　　（借）仕　　　　入　　××× 　　　（貸）支 払 手 形　　×××

という仕訳によりこの取引を記録することができる。

② 約束手形を受け取った場合の仕訳

下図の相手先の仕訳を考えると，商品の売上に対して振り出された約束手形を受け取っているので，売上（収益）の発生と受取手形（資産）の増加となり，

　　　　（借）受 取 手 形　　××× 　　　（貸）売　　　　上　　×××

という仕訳により記録することができる。

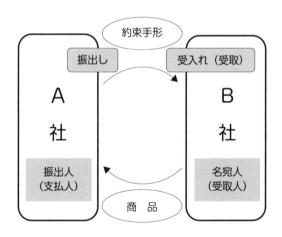

【例題12−1】

　次の取引について仕訳しなさい。
　A社はB社より商品を500,000円で購入し，代金は約束手形を振り出して支払った。
本取引についてA社およびB社の仕訳をしなさい。
A社の仕訳
　　（借）仕　　　　入　　　500,000　　　（貸）支 払 手 形　　　500,000
B社の仕訳
　　（借）受 取 手 形　　　500,000　　　（貸）売　　　　上　　　500,000

3　手形代金の取立て・支払い

　約束手形の取立てと支払いは，**受取手形（手形債権：資産の減少）**と**支払手形（手形債務：負債の減少）**とともに，取立て側は，当座預金口座への入金（当座預金の増加），支払い側は，当座預金の引き落とし（当座預金の減少）として処理される。なお，取立ては取引銀行を通じて行われるのが一般的である。

【例題12−2】

　次の取引について仕訳しなさい。
　A社はかねてB社宛に振り出した約束手形が支払期日となり，当座預金口座から引き落とされた。
A社の仕訳
　　（借）支 払 手 形　　　500,000　　　（貸）当 座 預 金　　　500,000
　B社はかねて受け取っていたA社振出しの当店宛の約束手形，500,000円が支払期日となり，当座預金口座に入金された。
B社の仕訳
　　（借）当 座 預 金　　　500,000　　　（貸）受 取 手 形　　　500,000

4　手形貸付金と手形借入金

　金銭貸借において，借用証書の代わりとして手形が振り出される場合がある。商品売買のような商取引について前述のような手形の振り出しが行われる場合，そうした手形を**商業手形**という。これに対し，金銭の貸し借り時に振り出される手形を**金融手形**という。金融手形は実質的な金銭の貸し借りに他ならないので商業手形で用いる勘定と区別し，**手形貸付金勘定**（資産）と**手形借入金勘定**

（負債）を用いる。通常の貸し付け・借り入れと同じ，**貸付金**（資産）・**借入金**（負債）勘定で処理される場合もある。

〔例題 12－3〕
次の取引について仕訳しなさい。
C社は，現金 100,000 円の借り入れにあたり手形を振り出した。
（借）現　　金　　100,000　　（貸）手形借入金　　100,000
D社は，現金 100,000 円の貸し付けにあたり手形を受け取った。
（借）手形貸付金　　100,000　　（貸）現　　金　　100,000

電子記録債権と電子記録債務

手形に変わる決済手段として普及が進んでいるのが，電子記録債権である。

電子記録債権を使用すると電子債権記録機関で債権を電子的に記録する。これにより，債権の発生や決済をペーパレス化できる。手形決済で必要な印税や郵送代が節約できる。また保管に関するリスクも回避可能となる。電子記録債権は取引銀行を通じ，債権者と債務者のいずれからも取引銀行を通じて登録できる。登録が行われると取引の相手側に通知される。

発生記録が行われた債権は**電子記録債権勘定**（資産）を用いて処理する。債務については，**電子記録債務勘定**（負債）を用いて処理する。

〔例題 12－4〕
次の取引についてE社の仕訳をしなさい。
① E社は，F社に対する売掛金 700,000 円について取引銀行Gを通じて電子債権記録機関に対して電子記録債権の発生期録を請求し，F社はこの機関より電子記録債務の通知を受け，これを承諾した。
（借）電子記録債権　　100,000　　（貸）売　掛　金　　100,000

② 電子記録債権の支払期日が到来し，E社とF社の当座預金口座間で決済がなされた。
（借）当 座 預 金　　100,000　　（貸）電子記録債権　　100,000

🗣 ポイント

手形の仕組みを正確に理解し，振出人，名宛人，受取人，支払人といった用語と対応関係を間違えないようにする。できれば受取手形記入帳や支払手形記入帳の様式と記入の仕方も練習することが望ましい。

電子記録に関する債権債務は，新しく加わった部分なのでなじみがない分しっかり確認しておくと。

☀ 事 後 学 習

以下の事項について簡単に説明しなさい。

1　約束手形と為替手形について

2　約束手形について支払人と受取人の両者について振出時，支払時における仕訳について

3　手形貸付金，手形借入金はどのような場合に生じるのか。

4　電子記録債権と電子記録債務の場合，どのようなメリットがあるか。

☀ 事前学習解答

1　将来の一定の期日に一定の金額の支払いを約束する証券

2　約束手形：手形代金の受取人に対して手形の振出人が一定の期日に手形に
　　　　　　書かれた金額を支払うことを約束した証券

　　為替手形：手形の振出人が支払人に対して一定期日に手形代金を第三者に
　　　　　　支払うことを委託した証券

3　手形貸付金勘定と手形借入金勘定

4　手形に代わる決済手段として普及始めているもの。電子記録債権を使うと電子債権記録機関で債権を電子的に記録されるのでペーパレスで行える。

1 約束手形：手形代金の受取人に対して手形の振出人が一定の期日（満期
日）に手形に書かれた金額（手形代金）を支払うことを約束し
た証券。

為替手形：手形の振出人が名宛人（支払人）に対して一定期日に手形代金
を第三者（受取人）に支払うことを委託した証券。

2 ・ 約束手形の振出しを行った企業は，手形債務が発生するので，支払手
形勘定（負債）に記帳する。（支払人側）

・ 約束手形を受け取った企業は，手形債権が発生するので，受取手形勘
定（資産）に記帳する。

3 金銭貸借において，借用証書の代わりとして手形が振り出される場合。

4 債権の発生や決済をペーパレス化。手形決済で必要な印税や郵送代が節約。

第 13 章

その他の債権と債務

🌼 **事 前 学 習**

次の取引の仕訳をしなさい。また，カッコ内の用語について調べなさい。

1　土地を¥1,000,000で購入し，代金のうち¥200,000は現金で支払い，残額は月末払いとした。（主目的でない取引）

2　京都商店は，金沢商店から商品¥200,000を仕入れ，手付金¥50,000を充当するとともに残額は現金で支払った。（手付金，前払金，前受金）

3　店舗の賃借にあたって，敷金¥260,000，不動産会社への手数料¥60,000，1か月分の家賃¥60,000を普通預金口座から振り込んだ。（差入保証金）

	借 方 科 目	金　　額	貸 方 科 目	金　　額
1				
2				
3				

主目的ではない取引	
手 付 金	
前払金と前受金	
差入保証金	

I 貸付金と借入金

　企業は経営活動を行う中で，他人に金銭を貸し付けたり，その逆に銀行から金銭を借り入れたりすることがある。金銭を貸し付けたときに発生する債権を貸付金といい，貸し付けたときは**貸付金勘定**（**資産**）の借方に記入し，貸付金を回収したときは回収額を貸付金勘定の貸方に記入する。

　これに対して，金銭を借り入れたときに発生する債務は借入金といい，**借入金勘定**（**負債**）の貸方に記入し，それを返済したときは返済額を借入金勘定の借方に記入する。

例題 13-1

　次の取引について，福岡商店・京都商店の両店の仕訳をしなさい。

(1)　福岡商店は，京都商店に対して¥200,000を貸し付けた。なお，貸付期間は6か月，年利率は10％である。

(2)　福岡商店は満期日に京都商店から貸付金を利息とともに現金で受け取り，ただちに当座預金に入金した。

✎　解　答

＜福岡商店の仕訳＞

(1)	(借)	貸 付 金	200,000	(貸)	現　　　金	200,000
(2)	(借)	当 座 預 金	210,000	(貸)	貸 付 金	200,000
					受 取 利 息	10,000

＜京都商店の仕訳＞

(1)	(借)	現　　　金	200,000	(貸)	借 入 金	200,000
(2)	(借)	借 入 金	200,000	(貸)	現　　　金	210,000
		支 払 利 息	10,000			

※　利息の計算式

$$貸付金・借入金の金額 × 年利率 × \frac{借入期間}{12 か月}$$

$$受取（支払）利息 = 200,000 × 10\% × \frac{6}{12} = 10,000$$

Ⅱ　未収金と未払金

　企業は主目的である取引で生じた債権・債務については売掛金勘定（資産）や買掛金勘定（負債）で処理するが，主目的でない取引の債権・債務については**未収金勘定（資産）**や**未払金勘定（負債）**で仕訳を行う。主目的ではない取引とは，商品売買業の場合を例に考えると，商品以外のもの（建物，機械・装置，車両運搬具，備品，土地，有価証券など）を売却，購入した場合をいう。

例題 13－2

　次の取引の仕訳をしなさい。
(1)　営業用自動車を¥1,000,000 で中古車販売会社から購入し，代金のうち¥200,000 は現金で支払い，残額は月末払いとした。
(2)　不要になったパソコンを¥50,000 でパソコン販売会社に売却し，代金は翌月末に受け取ることにした。

✎　解　答

(1)	(借)	車両運搬具	1,000,000	(貸)	現　　　金	200,000
					未 払 金	800,000
(2)	(借)	未 収 金	50,000	(貸)	備　　　品	50,000

前払金と前受金

　商品の売買契約を結ぶ際に，実際に商品を仕入れる前にその代金の一部を授受することがある。これを手付金あるいは内金という。この支払った手付金を前払金，受け取った手付金を前受金という。手付金を支払った側では，前払額を**前払金勘定（資産）**の借方に記入する。実際に商品を仕入れたときには，前払金勘定の貸方に記入する。手付金を受け取った側では，**前受金勘定（負債）**の貸方に記入し，商品を売り渡したときには，前受金勘定の借方に記入する。

（例題13-3）

　次の取引について福岡商店・東京商店の両店の仕訳をしなさい。なお，商品売買取引の処理は3分法によること。

(1)　福岡商店は2か月後に東京商店から商品¥200,000を購入する約束をし，手付金として¥50,000を現金で支払った。

(2)　福岡商店は東京商店から上記の商品¥200,000を仕入れ，手付金を充当するとともに残額は現金で支払った。

解　答

＜福岡商店の仕訳＞

(1)	（借）前　払　金	50,000		（貸）現　　　　金	50,000			
(2)	（借）仕　　　　入	200,000		（貸）前　払　金	50,000			
				現　　　　金	150,000			

＜東京商店の仕訳＞

(1)	（借）現　　　　金	50,000		（貸）前　受　金	50,000			
(2)	（借）前　受　金	50,000		（貸）売　　　　上	200,000			
	現　　　　金	150,000						

Ⅳ 立替金・預り金・法定福利費

1 立替金と預り金

　従業員や取引先のために，一時的に金銭の立替払いを行う場合がある。金銭を立て替えたときは**立替金勘定**（**資産**）の借方に記入し，返済を受けた場合は貸方に記入する。

　また，一時的に金銭を預かった場合のその債務を預り金という。この場合，**預り金勘定**（**負債**）の貸方に記入し，返済した場合には借方に記入する。企業は，源泉所得税や従業員が負担する健康保険料を給料から差し引き，国に納付するまで，預り金勘定（負債）の貸方に記入し，国に納付するときに借方に記入する。

例題13－4

　次の取引の仕訳をしなさい。
(1)　従業員に給料の前渡しとして現金￥70,000を支払った。
(2)　今月分の従業員給料￥200,000を支給するに際して，前貸ししてあった￥70,000と源泉所得税￥20,000を差し引き，手取金を現金で支払った。
(3)　所得税の源泉徴収税額￥20,000を税務署に現金で納付した。

解答

(1)	（借）立　替　金	70,000		（貸）現　　　　金	70,000		
	（従業員立替金）						
(2)	（借）給　　　料	200,000		（貸）立　替　金	70,000		
				（従業員立替金）			
				預　り　金	20,000		
				（所得税預り金）			
				現　　　　金	110,000		
(3)	（借）預　り　金	20,000		（貸）現　　　　金	20,000		
	（所得税預り金）						

2　法定福利費

　企業が社会保険事務所に納めるべき厚生年金や健康保険を社会保険料という。社会保険料は，企業と従業員で半分ずつ負担する。社会保険料のうち，会社の負担分を**法定福利費**という。

　社会保険料のうち，従業員負担分は企業が給料を支払う際に源泉徴収して，預り金勘定（負債）の貸方に記入し，社会保険事務所に社会保険料を支払う際に借方に記入する。会社負担分は**法定福利費勘定（費用）**の借方に記入する。

例題13−5

　次の取引の仕訳を示しなさい。
(1)　給料￥300,000について，従業員負担の健康保険料￥10,000および厚生年金保険料￥15,000を控除した残額を普通預金口座から振り込んだ。
(2)　健康保険料および厚生年金保険料について，(1)の従業員負担額に会社負担額（従業員負担額と同額）を加えて普通預金口座から振り込んで納付した。

✎　**解　答**

(1)	（借）給　　　　料	300,000	（貸）社会保険料預り金	25,000
			（預　り　金）	
			普 通 預 金	275,000
(2)	（借）社会保険料預り金	25,000	（貸）普 通 預 金	50,000
	法定福利費	25,000		

仮払金と仮受金

　現金の収入・支出はあったけれども，その時点でそれを記入すべき相手勘定や金額が確定できない場合，**仮払金**および**仮受金**を用いて仕訳を行う。

　内容または金額が確定できない支出は，一時的に**仮払金勘定（資産）**の借方に，確定できない収入は，**仮受金勘定（負債）**の貸方に記入する。後日，その内容または金額が確定したときに，仮払金勘定・仮受金勘定からそれぞれ該当する勘定へ振り替える。

例題13-6

次の取引の仕訳を示しなさい。
(1) 従業員の出張に際して，旅費の概算額¥150,000を現金で渡した。
(2) 出張中の従業員から現金¥200,000の送金があったが，内容は不明である。
(3) 従業員が出張先から戻り，上記の送金は東京商事に対する売掛金の回収であることが判明した。
(4) 従業員が出張から戻って，旅費を精算したところ，残金が¥10,000あり，現金で受け取った。

✎　解　答

(1)	（借）仮　払　金	150,000	（貸）現　　　金	150,000
(2)	（借）現　　　金	200,000	（貸）仮　受　金	200,000
(3)	（借）仮　受　金	200,000	（貸）売　掛　金	200,000
(4)	（借）旅費交通費	140,000	（貸）仮　払　金	150,000
			現　　　金	10,000

VI　受取商品券

　企業は，商品券を他店と連盟して発行することがある。商品の売上時に代金として他店の商品券を受け取ったときは後日，その商品券について決済する。商品の売上時に他店の商品券を受け取ったときは，**受取商品券勘定（資産）**の借方に記入し，決済を行ったときに受取商品券勘定の貸方に記入する。

例題13-7

次の取引の仕訳を示しなさい。
(1) 商品¥250,000を販売し，代金のうち¥100,000については自治体が発行をしている商品券で受け取り，残額は現金で受け取った。
(2) 上記(1)の商品券をすべて清算し，同額の現金で受け取った。

✎　解　答

(1)	（借）現　　　金	150,000	（貸）売　　　上	250,000
		受取商品券	100,000
(2)	（借）現　　　金	100,000	（貸）受取商品券	100,000

 **差入保証金**

　企業は経営活動を営む上で店舗・土地などの不動産を賃借することがあり，不動産の賃借において敷金などが発生することがある。不動産の賃借における敷金を支払ったときは，**差入保証金勘定**（**資産**）の借方に記入する。

〔例題13-8〕

　次の取引の仕訳を示しなさい。

(1)　店舗の賃借にあたり敷金￥260,000，不動産会社への手数料￥60,000，1か月分の家賃￥60,000を普通預金口座から振り込んだ。

✎　解　答

(1)	（借）差入保証金	260,000	（貸）普通預金	380,000
	支払手数料	60,000		
	支払家賃	60,000		

☀　事後学習

　次の取引の仕訳をしなさい。また，カッコ内の用語について調べなさい。

1　大阪商店は奈良商店に対して￥400,000を貸し付けていたが，満期日のため貸付金を利息とともに現金で受け取り，ただちに当座預金に入金した。
　（貸付期間6か月，年利率10%）

2　従業員の出張に際して，旅費の概算額￥150,000を現金で渡した。

3　今月分の従業員給料￥200,000を支給するに際して，前貸ししてあった￥70,000と源泉所得税￥20,000を差し引き，手取金を現金で支払った。

4　健康保険料および厚生年金保険料について，従業員負担額￥35,000に会社負担額（従業員負担額と同額）を加えて普通預金口座から振り込んで納付した。

5　商品￥650,000を販売し，代金のうち￥100,000は自治体が発行している商品券で受け取り，残額は現金で受け取った。

☀ 事前学習解答

	借 方 科 目	金 　 額	貸 方 科 目	金 　 額
1	土　　　地	1,000,000	現　　　金 未　払　金	200,000 800,000
2	仕　　　入	200,000	前　払　金 現　　　金	50,000 150,000
3	差入保証金 支払手数料 支払家賃	260,000 60,000 60,000	普 通 預 金	380,000

主目的ではない取引	商品売買業の場合を例に考えると，商品以外のもの（建物，機械・装置，車両運搬具，備品，土地，有価証券など）を売却，購入した場合をいう。
手　付　金	商品の売買契約を結ぶ際に，実際に商品を仕入れる前にその代金の一部を授受することがある。これを手付金あるいは内金という。
前払金と前受金	支払った手付金を前払金（資産）といい，受取った手付金を前受金（負債）という。
差入保証金	不動産の敷金などを支払ったときに，仕訳で使用する資産の勘定科目。

☀ 事後学習解答

1	（借）当 座 預 金	420,000	（貸）貸 付 金	400,000
			受 取 利 息	20,000
2	（借）仮 払 金	150,000	（貸）現　　　金	150,000
3	（借）給　　　料	200,000	（貸）立 替 金	70,000
			（従業員立替金）	
			預 り 金	20,000
			（所得税預り金）	
			現　　　金	110,000

4	（借）	社会保険料預り金	35,000	（貸）	普 通 預 金	70,000
		法定福利費	35,000			
5	（借）	現　　　　金	550,000	（貸）	売　　　　上	650,000
		受取商品券	100,000			

第 **14** 章

有形固定資産

🌼 事前学習

1 有形固定資産について説明しなさい。

2 減価償却費の計算方法のひとつである定額法について説明しなさい。

I 有形固定資産とは

固定資産は，**有形固定資産**，**無形固定資産**，**投資その他の資産**の３つに分類される。ここでは，有形固定資産の処理について学ぶ。

有形固定資産とは，備品，車両運搬具，建物，土地など，企業が事業活動のため，長期にわたって保有する有形の資産をいう。

II 有形固定資産の種類と取得原価

1 備品……事務机・いす，応接セット，陳列棚，テレビ，冷蔵庫，じゅうたん，パソコン，コピー機，金庫など

2 車両運搬具……事業用のトラック，乗用車，バイクなど

3 建物……事務所，店舗，倉庫など

4 土地……事務所用，店舗用，倉庫用，駐車場用の敷地など，事業を目的として保有する土地

備品，車両運搬具，建物，土地などを購入したときには，各勘定を設けて，資産の増加として借方に記入する。有形固定資産の**取得価額**は，その**購入代価**

に付随費用を加えた金額をいう。

> 取得価額＝購入代価＋付随費用

＊　付随費用には買入手数料，運送費，据付費，荷役費，試運転費，登記料，整地費
用などがある。

 # 有形固定資産の売却

有形固定資産を売却したとき，売却価額と帳簿価額が一致しない場合には，
売却益または**売却損**が発生する。

【仕訳例 1】

① 帳簿価額￥500,000 の土地を￥700,000 で売却し，代金は現金で受け取っ
た。

　　売却価額－帳簿価額＝＋（売却益）

　　700,000 － 500,000 ＝ ＋ 200,000

　　（借）現　　　　金　　700,000　　　　（貸）土　　　　地　　500,000
　　　　　　　　　　　　　　　　　　　　　　　固定資産売却益　　200,000

【仕訳例 2】

① 帳簿価額￥300,000 の備品を￥200,000 で売却し，代金は現金で受け取っ
た。

　　売却価額－帳簿価額＝－（売却損）

　　200,000 － 300,000 ＝ － 100,000

　　（借）現　　　　金　　200,000　　　　（貸）備　　　　品　　300,000
　　　　　固定資産売却損　　100,000

例題 14-1

次の取引について仕訳をしなさい。

(1) 事務所用のパソコンを購入し，代金￥80,000 と初期設定費用￥3,000 も現金で支払っ
た。

(2) 営業用建物を購入して，代金￥3,000,000 は小切手を振り出して支払った。なお，

仲介手数料¥90,000と登記料¥65,000は現金で支払った。
⑶　駐車場用土地を¥1,000,000で購入し，代金は小切手を振り出して支払った。なお，仲介手数料・登記料・整地費用の¥350,000は現金で支払った。
⑷　帳簿価額¥400,000のコピー機が不要になったため，¥270,000で売却し，代金は小切手で受け取った。

✎　解　答

⑴	（借）備　　品	83,000	（貸）現　　金	83,000
⑵	（借）建　　物	3,155,000	（貸）当 座 預 金	3,000,000
			現　　金	155,000
⑶	（借）土　　地	1,350,000	（貸）当 座 預 金	1,000,000
			現　　金	350,000
⑷	（借）現　　金	270,000	（貸）備　　品	400,000
	固定資産売却損	130,000		

 Ⅳ　減 価 償 却

1　減価償却とは

備品，車両運搬具，建物など，土地を除く有形固定資産は，使用または時の経過などにともなって次第に価値が減少する。これを**減価**という。そこで決算では，当期中の価値の減少分（純資産の減少額）を当期の費用として計上し，その減価に相当する金額だけ，当該有形固定資産の取得原価を減少させる処理を行う。この手続きを**減価償却**という。減価に相当する金額，すなわち，減価償却額を**減価償却費**として処理を行う。

2　減価償却費の計算方法

減価償却費の計算方法には，**定額法**，**定率法**，**生産高比例法**などがあるが，ここでは定額法について学習する。

定額法とは，有形固定資産の耐用期間中，毎期決算時に同額の減価償却費を計上する方法で，次の算式で計算する。

$$減価償却費 = \frac{取得原価 - 残存価額}{耐用年数}$$

* 耐用年数…有形固定資産の見積使用可能年数
* 残存価額…有形固定資産が耐用年数に達したときの見積処分金額

3　減価償却の記帳方法

減価償却の記帳方法には**直接法**と**間接法**があるが，ここでは間接法について学ぶ。

【間接法による決算時での処理】

（借）減価償却費　　　×××　　　（貸）建物減価償却累計額　　　×××
　　　（費　　用）　　　　　　　　（建物の評価勘定（資産のマイナス勘定））

間接法では，有形固定資産の帳簿価額は直接減額されず，減価償却累計額が増加していくことになる。

間接法による有形固定資産の帳簿価額は下記のように計算される。

　　　有形固定資産の帳簿価額＝取得原価－減価償却累計額

貸借対照表

Ⅱ　固 定 資 産

　1　有形固定資産

建　　物		500,000	
減価償却累計額		<u>75,000</u>	<u>425,000</u> （帳簿価額）

(例題 14-2)

次の取引について仕訳をしなさい。

(1)　決算（年1回）にあたり，当期首に取得した建物（取得原価¥5,000,000，耐用年数20年，残存価額ゼロ）について定額法によって減価償却を行う（間接法によること）。

(2)　取得原価¥300,000，減価償却累計額¥180,000の備品（間接法で記帳）を¥100,000で売却し，代金は月末に受け取ることにした。

✎　解　答

(1)　（借）減価償却費　　　250,000　　　（貸）建物減価償却累計額　　250,000

$$\frac{5,000,000 - 0}{20} = 250,000$$

(2)　（借）未 収 入 金　　　100,000　　　（貸）備　　　品　　　300,000
　　　　　　備品減価償却累計額　　180,000
　　　　　　固定資産売却損　　　　20,000

　＊　売却価額 −　　　帳簿価額　　　 ＝ −（売却損）
　　　100,000 −（300,000 − 180,000）＝ − 20,000

 ## 資本的支出と収益的支出

有形固定資産購入後に，その固定資産について金銭を支出した場合の処理は下記のとおりである。

区　分	意　　義	支出額の処理方法
修繕費	部分的に破損した有形固定資産を原状回復のために修理，補修として支出	修繕費勘定（費用）として計上。収益的支出という。
改造費	有形固定資産の価値を増価させたり耐用年数を延長させたりするための支出	有形固定資産（資産）の取得原価に加算。資本的支出という。

☀　事後学習

次の取引の仕訳をしなさい。

1　営業用建物を¥5,300,000 で購入し，小切手を振り出して支払った。なお，不動産業者への手数料¥159,000 と登記料¥100,000 は現金で支払った。

2　備品（取得原価¥400,000，減価償却累計額\280,000）を¥150,000 で売却し，代金は月末に受け取ることにした。

3　営業用の自動車を¥3,000,000 で購入し，代金のうち¥500,000 は小切手を振り出して支払い，残額は毎月末に¥125,000 ずつの分割払いで支払うこ

とにした。

4　次の決算整理前残高試算表（一部）と決算整理事項にもとづき，減価償却費に関する決算整理仕訳を行いなさい。

＜決算整理前残高試算表の残高＞

　　建物　　￥1,500,000（借方残）

　　備品　　￥　350,000（借方残）

　　建物減価償却累計額　￥378,000（貸方残）

＜決算整理事項＞

　　建物および備品について，定額法（間接法）により減価償却を行う。

　　残存価額　取得原価の10%

　　耐用年数　建物　25年，備品　5年

5　店舗の窓ガラスが破損したため，取替えのための費用￥45,000を，小切手を振り出して支払った。

6　×7年4月1日に不用となった冷蔵庫（購入日：×4年4月1日，取得価額￥800,000，減価償却方法：定額法，耐用年数：6年，残存価額：取得価額の10%，記帳方法：間接法，決算日：3月31日）を￥280,000で売却し，代金は翌月末に受け取ることにした。

　＊　ただし，4月分の減価償却費は考慮しないものとする。

	借方科目	金　　額	貸方科目	金　　額
1				
2				
3				
4				
5				
6				

事前学習解答

1　備品，車両運搬具，建物，土地など企業が事業活動を行うにあたって長期にわたって保有する有形の資産を有形固定資産という。

2　定額法では，有形固定資産の耐用年数期間中，毎期同額の減価償却費を計上する方法であり，毎期の負担額は取得原価から残存価額を差し引いた分を耐用年数で割って求める。

☀ 事後学習解答

	借方科目	金　額	貸方科目	金　額
1	建　　　物	5,559,000	当座預金 現　　　金	5,300,000 259,000
2	備品減価償却累計額 未取入金	280,000 150,000	備　　　品 固定資産売却益	400,000 30,000
3	車両運搬具	3,000,000	当座預金 未　払　金	500,000 2,500,000
4	減価償却費	117,000	建物減価償却累計額 備品減価償却累計額	54,000 63,000
5	修　繕　費	45,000	当座預金	45,000
6	備品減価償却累計額 未収入金 固定資産売却損	360,000 280,000 160,000	備　　　品	800,000

114

第 15 章

資本金と利益剰余金

🔆 **事前学習**

　本章では，資本の概念および会計処理を学習する。これまでとは違い，簿記の基礎で学ぶ対象も，従来の個人企業（個人事業主）から小規模な株式会社が一般的となった。個人企業では資産総額と負債総額との差額を**資本**というが，株式会社では**純資産**という。株式会社の経済活動は，株主から資金の拠出を受けて事業活動を行い，その事業によって得た利益をもとに株主へ配当を行う。本章では，株式会社の設立，**増資**（資本金の増加），剰余金の配当などについて学習する。

　次の取引の仕訳をしなさい。また，カッコ内の用語について調べなさい。

1　会社の設立にあたり，1株¥10,000を300株発行して全額当座預金に払い込みを受けた。株式の払込金額の全額を資本金とした。（株式会社）

2　会社設立のための費用¥1,000,000を現金で支払った。

3　開業準備のための費用¥500,000を小切手で支払った。

4　増資のため，新株1株¥10,000を100株発行し，払込金額が当座預金口座に入金され，全額資本金に振替えた。

I 株式会社の純資産（資本）

　株式会社では，**資産総額**と**負債総額**の差額を**純資産**という。純資産は，株主資本と株主資本以外の部分（評価換算差額等）から構成される。貸借対照表の負債は**他人資本**，純資産は**自己資本**と呼び，両者を合わせて**総資本**と呼ぶ。

＊　株式会社は，株式を発行してその資金で事業を行う会社形態であり，株主の責任は出資額の範囲内（有限責任）である。

Ⅱ　資本金と剰余金（株主資本）

株主資本は，**資本金**，**資本剰余金**（しほんじょうよきん），**利益剰余金**（りえきじょうよきん）から構成される。株主が出資した金額のうち資本金に計上された金額が資本金であり，資本金に計上されなかった金額が資本剰余金である。利益剰余金は，企業が獲得した利益部分から構成されるもので，株主資本のうち，資本金と資本剰余金以外の部分である。

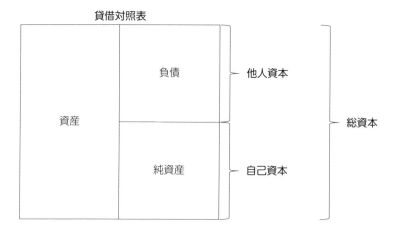

貸借対照表

株主資本	資本金		
	資本剰余金	資本準備金	
		その他資本剰余金	
	利益剰余金	利益準備金	
		その他利益剰余金	任意積立金
			繰越利益剰余金
評価・換算差額等			

1　資本剰余金

　資本剰余金は，**資本準備金**と**その他資本剰余金**に分けられる。資本準備金は株主によって払い込まれた金額のうち，積立が強制されるものである。会社法では，その他資本剰余金を原資に剰余金の配当を行った場合，その他資本剰余金に10分の1を乗じた金額と利益準備金を合せた金額が資本金の4分の1に達するまで資本準備金の積み立てを強制している。

2　利益剰余金

　利益剰余金は，**利益準備金**と**その他利益剰余金**に分けられ，その他利益剰余金は，任意積立金と繰越利益剰余金に分けられる。その他利益剰余金を原資として剰余金の配当を行った場合も，利益準備金の積立が強制される。その他利益剰余金に10分の1を乗じた金額と資本準備金を合せた金額が資本金の4分の1に達するまで利益準備金を積み立てることが強制されている。

Ⅲ　株式会社の設立

1　株式会社の設立

　株式会社を設立するためには，発起人が会社名，所在地，事業内容・目的，発行可能株式総数などを記載した定款を作成する必要がある。発行可能株式数の範囲内で取締役会の決議により株式を発行することができる。

　株式会社設立時の資本金は，株主からの払込額を原則，全額資本金とするが会社法では払込金額の2分の1を超えない額を資本金としないことを認めている。この場合，資本金としない額を**株式払込剰余金**（**資本準備金**）とする。

例題 15−1

　以下の取引を仕訳しなさい。

　株式会社の設立に際して，1株¥20,000を100株発行して全額当座預金に払

い込みを受けた。資本金には会社法の定める最低額を組み入れる。

（借）当 座 預 金　　2,000,000　　　（貸）資 本 金　　1,000,000
　　　　　　　　　　　　　　　　　　　　　　資本準備金　　1,000,000

2　設立に関する費用

　会社法では，資本金の**最低資本金額**を定めていないが，実際には会社設立の
費用や設立後の開業資金など様々な費用がかかる。

(1)　創 立 費

　会社設立費用には株式の発行費用，定款作成費用，法務局への登記費用など
があり，これらの費用を**創立費**という。

〔例題15-2〕

　以下の取引を仕訳しなさい。

　会社設立のための登記費用等¥500,000を現金で支払った。

　　（借）創 立 費　　500,000　　　（貸）現　　金　　500,000

(2)　開 業 費

　会社設立から事業を開始するまでの間に，**広告宣伝費**，**人件費**，**水道光熱費**
など開業準備費用が支出される。これらの費用を**開業費**という。会社設立前の
諸費用を創立費といい，会社設立後の諸費用を**開業費**という。

〔例題15-3〕

　以下の取引を仕訳しなさい。

　会社設立後の開業準備費用¥800,000を，小切手を振り出して支払った。

　　（借）開 業 費　　800,000　　　（貸）当 座 預 金　　800,000

Ⅳ　増　　資

(1)　増資とは

　会社は，会社設立後に新店舗設置や設備投資によって，資金需要が増して，資本金を増加させる必要がある。**増資**とは，会社設立後に資本金を増加させることをいい，**有償増資**と**無償増資**がある。①有償増資は増資に伴い，純資産が増加する実質的な増資であり，**新株の発行**，合併における**株式交付**がある。②**無償増資**は増資に伴い，純資産が増加しない**名目的増資**であり，資本剰余金や利益剰余金の資本組入れ等がある。

(2)　新株発行による増資

　会社は，資金を調達するために新規に株式を発行することができる。新株を発行する方法には，広く投資家から募集する**公募増資**と既存の株主に株式を割当てる**株主割当増資**がある。

　新株を発行する場合，株式の代金として払い込まれた金額を一時的に「株式申込証拠金」勘定で処理して，払込期日において株主が確定した段階で資本金勘定に振替える。会社法では，**払込金額の2分の1を超えない金額を資本金にしないこと**が認められている。資本金に組入れない部分は資本準備金（株式払込剰余金）勘定で計上する。株式の払込金額は，払込期日まで取引銀行の別段預金に一時的に入金される。

【増資時の会計処理】

①　増資のため，1株¥10,000の新株100株を募集した結果，100株の申込みがあり，同額の申込証拠金が取引銀行の別段預金に振り込まれた。

　　（借）別 段 預 金　　1,000,000　　　（貸）株式申込証拠金　　1,000,000

②　払込期日になったため，上記の申込証拠金を資本金に振替え，別段預金を当座預金に預け入れた。資本金は会社法の最低額を計上することとする。

（借）株式申込証拠金	1,000,000	（貸）資　本　金	500,000
		資本準備金	500,000
（借）当 座 預 金	1,000,000	（貸）別 段 預 金	1,000,000

 # 剰余金の配当

　株式会社では，事業活動によって獲得した利益を株主に還元するために**配当**
を行う。会社法では，資本剰余金，利益剰余金を基に配当することを**剰余金の**
配当という。株主総会の決議において，株主への配当金が決定されると，原資
とされる剰余金から配当金や準備金などに振替えられる。

（例題15−4）

　以下の①〜④を仕訳しなさい。

① 　決算に基づく当期純利益の計上

　決算の結果，当期純利益￥2,000,000 を計上した。

（借）損　　　益	2,000,000	（貸）繰越利益剰余金	2,000,000

② 　その他資本剰余金と繰越利益剰余金を財源とした配当の処理

　株主総会において，その他資本剰余金￥300,000 と，その他資本剰余金（繰
越利益剰余金）￥400,000 を財源として株主への配当金を￥700,000 とすること
が決議された。

（借）その他資本剰余金	300,000	（貸）未払配当金	700,000
繰越利益剰余金	400,000		

③ 　上記の剰余金の配当に伴う資本準備金と利益準備金を積立てた。

（借）その他資本剰余金	30,000	（貸）資本準備金	30,000
繰越利益剰余金	40,000	利益準備金	40,000

④ 　上記の配当金について小切手を振り出して支払った。

（借）未払配当金	700,000	（貸）当 座 預 金	700,000

☀ 事後学習

次の取引の仕訳をしなさい。

1　決算の結果，当期純利益¥1,500,000を計上した。

2　株主総会で，その他利益剰余金（繰越利益剰余金）を財源として株主への配当金¥500,000が決議された。

3　上記の剰余金の配当に伴う利益準備金¥50,000を積立てた。

4　上記の配当金について，小切手を振り出して支払った。

☀ 事前学習解答

1　（借）当 座 預 金　　3,000,000　　（貸）資 本 金　　3,000,000

　＊　株式会社とは，株式を発行して，その資金で事業を行う会社形態である。株主の責任は出資額の範囲内（有限責任）である。

2　（借）創 立 費　　1,000,000　　（貸）現 金　　1,000,000

　＊　会社設立前に係る費用は創立費勘定を使用する。

3　（借）開 業 費　　500,000　　（貸）当 座 預 金　　500,000

　＊　会社設立後に係る準備費用は開業費勘定を使用する。

4　（借）当 座 預 金　　1,000,000　　（貸）資 本 金　　1,000,000

☀ 事後学習解答

1　（借）損 益　　1,500,000　　（貸）繰越利益剰余金　　1,500,000

2　（借）繰越利益剰余金　　500,000　　（貸）未払配当金　　500,000

3　（借）繰越利益剰余金　　50,000　　（貸）利益準備金　　50,000

4　（借）未払配当金　　500,000　　（貸）当 座 預 金　　500,000

第16章 税　　金

☀ 事前学習

　本章では，税金の会計処理を学習する。企業は，事業活動を行う限り，国や地方公共団体から様々な税金を課される。税金には，**費用となる税金**と**費用とならない税金**がある。

　次の取引の仕訳をしなさい。

1　収入印紙¥5,000 を購入し，現金で支払った。

2　固定資産税の納税通知書が届き，1 期分¥80,000 であった。

3　上記の固定資産税 1 期分を現金で納付した。

4　株式会社の中間決算が確定し，法人税等¥1,000,000 を現金納付した。

Ⅰ　費用となる税金

　費用となる税金には，**固定資産税，自動車税，印紙税**などがあり，これらは**租税公課勘定**（そぜいこうか）を用いる。税金を納めたときや納税通知書を受け取ったときに納税額を租税公課勘定の借方に記載する。

（例題 16－1）

　以下の取引を仕訳しなさい。

① 租税公課（固定資産税，印紙税）を現金で納付した場合

　収入印紙¥5,000 を購入し，代金を現金で支払った。

　　　（借）租 税 公 課　　　　5,000　　　（貸）現　　　　金　　　5,000

122

②　固定資産税について納税通知書を受け取ったときは，租税公課として費用
計上を行い，相手科目は**未払固定資産税**勘定を用いる。

市役所から固定資産税の納税通知書¥80,000（第1期納付）が届いた。

　　　　（借）租 税 公 課　　　　80,000　　　　（貸）未払固定資産税　　　　80,000

③　納税通知書に記載された固定資産税を現金で納付した場合

固定資産税第1期納付分を現金で納付した。

　　　　（借）未払固定資産税　　　80,000　　　　（貸）現　　　　金　　　　80,000

④　収入印紙を購入し，代金を現金で支払った場合

収入印紙¥5,000を現金で購入した。

　　　　（借）租 税 公 課　　　　 5,000　　　　（貸）現　　　　金　　　　 5,000

Ⅱ　資産の取得原価に含める税金

　関税，**不動産取得税**など資産購入時支出される税金は，原則，**租税公課勘定**
として費用計上するのではなく，資産の**取得原価**に含めて資産計上を行う。

〔例題16－2〕

以下の取引を仕訳しなさい。

①　建物を取得した際に不動産取得税を支払った場合

建物を取得し，不動産取得税¥500,000を支払った。

　　　　（借）建　　　　物　　　500,000　　　　（貸）現　　　　金　　　500,000

Ⅲ　費用とならない税金

　企業の支払う税金には**費用となる税金**，**資産の取得原価に含める税金**，**費用
とならない税金**がある。株式会社の場合では，益金から損金を控除した所得に
法人税，住民税，事業税が課される。法人税及び住民税は費用とならない税金
であるが，事業税は翌年度に費用計上される税金である。企業が，事業活動を

行う上で，商品取引に課される消費税の会計処理には**税抜き経理**と**税込み経理**
がある。

　税金には似たような名前の税金が多いが，大きく国の税金である国税と地方
公共団体の税金である地方税の2つに分けられる。

国　　　税	地　方　税
所　得　税	住　民　税
法　人　税	事　業　税
消　費　税	固定資産税
	地方消費税
	印　紙　税

1　法　人　税

　法人税は，会社の利益に対して課される税金である。税額計算は経済政策，
社会政策の目的から，会計上の利益に益金，損金を加減算して所得金額を計算
する（**確定決算主義**）。益金から損金を控除した所得金額に税率が課される。
① 　収益－費用＝利益
② 　益金－損金＝所得金額（利益＋税務上加算項目－税務上減算項目）
③ 　所得金額×法人税率＝法人税額

2　住　民　税

　住民税は所得税や法人税と同じ課税標準に課される地方税である。都道府県
および市町村が個人企業及び株式会社の利益部分に課す税金である。住民税の
計算方法には所得割と均等割がある

3　事　業　税

　事業税は，個人及び法人（会社）が事業活動を行う際に都道府県が課す地方
税である。課税標準は所得税または法人税と同一であるが，事業税は個人の事
業所得の必要経費となっており，法人の場合は損金を算入する点が所得税，法

人税, 住民税と大きな相違である（所得税, 法人税, 住民税は損金に算入されない）。

法人税, 住民税および事業税は同じ性格の税金であるため, 会計処理としてまとめて**法人税, 住民税及び事業税勘定**, または**法人税等勘定**を使用することが一般的である。これらの法人税等を中間納付した場合は**仮払法人税等**勘定を使用し, 法人税額が確定した段階で納付した税額との差額を**未払法人税等**勘定の貸方に記載する。

例題 16-3

以下の取引を仕訳しなさい。

① 法人税等の中間納付税額を現金で納付した場合

法人税等の中間申告を行い, 前年度の50％相当額の¥500,000を現金で納付した。

　　　（借）仮払法人税等　　　500,000　　　（貸）現　　　金　　　500,000

② 決算の結果, 法人税, 住民税, 事業税が確定した場合

決算の結果, 法人税¥800,000, 住民税¥300,000, 事業税¥400,000が, 確定した。

　　　（借）法人税, 住民税　　1,500,000　　　（貸）仮払法人税等　　　500,000
　　　　　　及び事業税
　　　　　　　　　　　　　　　　　　　　　　　　　　未払法人税等　　1,000,000

③ 法人税, 住民税, 事業税を納付した場合

法人税, 住民税, 事業税について, 未払分¥1,000,000を現金で納付した。

　　　（借）未払法人税等　　1,000,000　　　（貸）現　　　金　　1,000,000

Ⅳ　消　費　税

消費税は, 課税事業者（個人・法人）が国内で資産の譲渡等を行った場合に課される税金である。消費者が商品を購入したときに支払う消費税は, 預り金としての性格を持つ。消費税の会計処理には, 税込み経理と税抜き経理の2つ

の方法がある。

1　税込み経理

消費税を含んだ金額で収益または費用として計上して，消費税納税額を租税公課勘定で処理を行う。

例題16-4

以下の取引を仕訳しなさい。

① 決算時，課税売上に係る消費税から控除対象仕入税額を控除した結果，消費税納付額￥500,000が確定した。

　　　（借）租 税 公 課　　　500,000　　　（貸）未払消費税　　　500,000

② 消費税納付額￥500,000を現金で支払った。

　　　（借）未払消費税　　　500,000　　　（貸）現　　　　金　　　500,000

2　税抜き経理

課税事業者が商品仕入れ先に消費税を支払ったときに**仮払消費税勘定**を使用し，課税事業者が商品売上げ先から商品代金を消費税込みで受け取ったときに**仮受消費税勘定**を使用する。

＜仮払消費税と仮受消費税の計算＞

$$仮払消費税 = \frac{仕入高 \times 消費税率}{1 + 消費税率} \qquad 仮受消費税 = \frac{売上高 \times 消費税率}{1 + 消費税率}$$

＊　税抜き経理の場合，税込み価額に上記の計算式を適用して，消費税を計算する。

例題16-5

以下の取引を仕訳しなさい。

① 課税事業者が商品購入時に消費税込みの代金を現金で支払った場合（消費税率10%）

商品￥5,000,000を仕入れ，消費税を加算して現金で支払った。

（借）仕　　　　入　　5,000,000　　　（貸）現　　　　金　　5,500,000
　　　仮払消費税　　　500,000

② 課税事業者が商品売却時に消費税込みの現金で受け取った場合（消費税率10%）

商品¥7,000,000 を売り上げ，消費税を加算した代金を現金で受け取った。

（借）現　　　　金　　7,700,000　　　（貸）売　　　　上　　7,000,000
　　　　　　　　　　　　　　　　　　　　　仮受消費税　　　700,000

③ 決算時に消費税額が確定した場合には，仮受消費税と仮払消費税とを相殺して，差額を未払消費税として納付する。

決算時に，商品売買取引（①と②）に係る消費税の納付額を計算した結果，消費税納付額¥200,000 が確定した。

（借）仮受消費税　　　700,000　　　（貸）仮払消費税　　　500,000
　　　　　　　　　　　　　　　　　　　　　未払消費税　　　200,000

④ 確定申告した消費税納付額¥200,000 が，当社の当座預金口座から引き落とされた。

（借）未払消費税　　　200,000　　　（貸）当 座 預 金　　　200,000

☀ 事 後 学 習

次の取引の仕訳をしなさい。

1　固定資産税の納税通知書を受取り，¥100,000 を納付した。

2　決算の結果，法人税等¥800,000 が確定した。すでに中間納付税額¥300,000 は納付済みである。

3　当社は，税抜き経理を採用している。商品¥4,000,000 を仕入れ，消費税を加算して現金で支払った。

4　商品¥5,000,000 を売り上げ，消費税を加算した代金を現金で受け取った。

5　決算時，消費税納付額を計算した結果，商品売買取引に係る仮受消費税¥500,000 と仮払消費税¥400,000 の差額¥100,000 が，消費税納付額として確定した。

1	（借）租 税 公 課	5,000	（貸）現　　　金	5,000
2	（借）租 税 公 課	80,000	（貸）未払固定資産税	80,000
3	（借）未払固定資産税	80,000	（貸）現　　　金	80,000
4	（借）仮払法人税等	1,000,000	（貸）現　　　金	1,000,000

☀ 事後学習解答

1	（借）租 税 公 課	100,000	（貸）現　　　金	100,000
2	（借）法人税，住民税及び事業税	800,000	（貸）仮払法人税等	300,000
			未払法人税等	500,000
3	（借）仕　　　入	4,000,000	（貸）現　　　金	4,400,000
	仮払消費税	400,000		
4	（借）現　　　金	5,500,000	（貸）売　　　上	5,000,000
			仮受消費税	500,000
5	（借）仮受消費税	500,000	（貸）仮払消費税	400,000
			未払消費税	100,000

証ひょうと伝票会計

事前学習

1 証ひょう書類について調べなさい。

2 伝票会計について調べなさい。

I 伝票会計について

　記帳作業を効率的に進めるため，仕訳帳の代わりに**伝票**を設けて取引を記入することができる。伝票は1つの取引につき1つ作成されるので，担当ごとに何人かで記帳作業分担制することができるメリットがある。

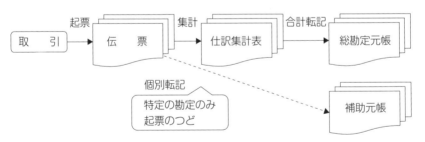

　* 伝票に記入された内容を一定期間（毎日または毎週）ごとに集計する場合，仕訳集計表（仕訳日計表または仕訳週計表）を作成する。総勘定元帳へは仕訳集計表から合計転記が行われ，補助元帳へは各伝票から個別転記が行われる。

　* 証ひょうは取引を証明する書類であり，注文書，送り状，納品書，領収書，請求書などがある。これらをもとに記帳，**起票**が行われる。

Ⅱ 3 伝票制の記入

　仕訳帳の代わりに，(1)入金伝票，(2)出金伝票，(3)振替伝票の３つを用いて取引を起票する方法を**3伝票制**という。

(1)　入金伝票…入金取引のさいに起票する伝票

　　（借）現　　　金　　　×××　　　　（貸）○○○○　　　　×××

(2)　出金伝票…出金取引のさいに起票する伝票

　　（借）○○○○　　　　×××　　　　（貸）現　　　金　　　×××

(3)　振替伝票…入出金以外のすべての取引について起票する伝票

　　（借）○○○○　　　　×××　　　　（貸）○○○○　　　　×××

＊　○○○○の勘定科目は現金以外の勘定科目である。

(4)　一部現金取引

　伝票会計は，取引を貸借それぞれ１つずつの勘定科目を用いて起票するのが原則である。下記のような一部現金取引は，以下の２つの記入方法がある。

　　（借）現　　　金　　　70,000　　　（貸）売　　　上　　　100,000
　　　　売　掛　金　　　30,000

　この場合には①取引を分割する方法と②取引を擬制する方法との２つの記入方法がある。

①　取引を分割する記入方法

　現金売上￥70,000と掛売上￥30,000に分割する。

入金伝票の起票

　　（借）現　　　金　　　70,000　　　（貸）売　　　上　　　70,000

130

振替伝票の起票

　　（借）売　掛　金　　　30,000　　　（貸）売　　　　上　　　30,000
②　取引を擬制する記入方法

　いったん¥100,000すべてを掛売上として振替伝票に記入し，その売掛金の
うち¥70,000を現金で回収したと考えて記入する。

振替伝票の起票

　　（借）売　掛　金　　　100,000　　　（貸）売　　　　上　　　100,000
入金伝票の起票

　　（借）現　　　　金　　　70,000　　　（貸）売　掛　金　　　70,000

(例題17−1)

　次の取引を伝票に記入しなさい。

(1)　令和×7.8.5　　得意先福岡商店から売掛金¥60,000を現金で受け取った。

(2)　令和×7.8.10　　仕入先赤坂商店に¥50,000を現金で支払った。

(3)　令和×7.8.17　　仕入先大濠商店から商品¥75,000を仕入れ，代金は小切
　　手を振り出し支払った。

(例題17−2)

　次の取引を(1)分割する方法，(2)擬制する方法により伝票に記入しなさい。

　令和×7.8.29　　商品¥100,000を売り上げ，代金うち¥70,000は現金で受
け取り，残額は掛けとした。

3 伝票制　問題解答用紙

問1

(1)

入金伝票

令和×7年8月10日

科　　目	金　　額

(2)

出金伝票

令和×7年8月10日

科　　目	金　　額

(3)

振替伝票

令和×7年8月17日

借方科目	金　　額	貸方科目	金　　額

問2

(1)

入金伝票

令和×7年8月29日

科　　目	金　　額

振替伝票

令和×7年8月29日

借方科目	金　　額	貸方科目	金　　額

(2)

入金伝票

令和×7年8月29日

科　　目	金　　額

振替伝票

令和×7年8月29日

借方科目	金　　額	貸方科目	金　　額

3 伝票制　問題解答

問1

(1)
入金伝票

令和×7年8月10日

科　目	金　額
売 掛 金	60,000

(2)
出金伝票

令和×7年8月10日

科　目	金　額
買 掛 金	50,000

(3)
振替伝票

令和×7年8月17日

借方科目	金　額	貸方科目	金　額
仕　入	75,000	当座預金	75,000

問2

(1)
入金伝票

令和×7年8月29日

科　目	金　額
売　上	70,000

振替伝票

令和×7年8月29日

借方科目	金　額	貸方科目	金　額
売 掛 金	30,000	売　上	30,000

(2)
入金伝票

令和×7年8月29日

科　目	金　額
売　上	70,000

振替伝票

令和×7年8月29日

借方科目	金　額	貸方科目	金　額
売 掛 金	10,000	売　上	10,000

問2の解説

仕訳

（借）現　　　金　　70,000　　（貸）売　　　　上　　100,000
　　　売 掛 金　　30,000

(1)　分割する方法

①　入金伝票に記入

（借）現　　　金　　70,000　　（貸）売　　　　上　　70,000

133

② 振替伝票に記入

（借）売　掛　金　　30,000　　（貸）売　　　　上　　　30,000

(2) 擬制する方法

① 振替伝票に記入

（借）売　掛　金　　100,000　　（貸）売　　　　上　　　100,000

② 入金伝票に記入

（借）現　　　金　　70,000　　（貸）売　掛　金　　　70,000

 # 仕訳集計表の作成と総勘定元帳への転記

　伝票から総勘定元帳への転記は，起票されるごとに行う方法（**個別転記**）の他に，毎日または毎週末など，一定期間ごとに行う方法（**合計転記**）がある。合計転記を行う場合，伝票の記入内容を一定期間ごとに仕訳集計表に集計し，そこからまとめて総勘定元帳へ転記する。なお，仕訳集計表は伝票を毎日集計する場合には**仕訳日計表**，毎週集計する場合は**仕訳週計表**と呼ばれる。

　＊　仕訳日（週）計表の作成
①　入金伝票の総額，仕訳日（週）計表における現金勘定の借方に記入
②　出金伝票の総額　仕訳日（週）計表における現金勘定の貸方に記入
③　出金伝票に記入されている勘定科目と，振替伝票の借方に記入されている勘定科目については，勘定科目ごとに集計をして，仕訳日（週）計表のそれぞれの勘定科目の借方に記入
④　入金伝票に記入されている勘定科目と，振替伝票の貸方に記入されている勘定科目については，勘定科目ごとに集計をして，仕訳日（週）計表のそれぞれの勘定科目の貸方に記入

☀　事 後 学 習

　福岡商店は，毎日の取引を入金伝票，出金伝票および振替伝票に記入して，これを１日分ずつ集計して仕訳日計表を作成している。同店の令和×１年３月１日に作成された以下の各伝票（略式）にもとづいて，仕訳日計表（元帳欄の記入は不要である）を完成させなさい。

出金伝票	No. 101
3月1日	
売掛金	￥6,000
(箱崎商店)	

出金伝票	No. 102
3月1日	
売掛金	￥5,000
(大橋商店)	

入金伝票	No. 201
3月1日	
買掛金	￥7,000
(平尾商店)	

入金伝票	No. 202
3月1日	
買掛金	￥6,500
(薬院商店)	

出金伝票	No. 203
3月1日	
消耗品費	￥1,800
(甲商店)	

出金伝票	No. 204
3月1日	
水道光熱費	￥2,700
(乙商店)	

振替伝票（借方）	No. 301
3月1日	
売掛金	￥8,000
(箱崎商店)	

振替伝票（貸方）	No. 301
3月1日	
売　上	￥8,000
(箱崎商店)	

振替伝票（借方）	No. 302
3月1日	
備　品	￥15,000
(丙商店)	

振替伝票（貸方）	No. 302
3月1日	
未払金	￥15,000
(丙商店)	

振替伝票（借方）	No. 303
3月1日	
仕　入	￥8,500
(薬院商店)	

振替伝票（貸方）	No. 303
3月1日	
買掛金	￥8,500
(薬院商店)	

振替伝票（借方）	No. 304
3月1日	
買掛金	￥7,500
(平尾商店)	

振替伝票（貸方）	No. 304
3月1日	
支払手形	￥7,500
(平尾商店)	

仕訳日計表
令和×1年3月1日

借　　　方	勘 定 科 目	貸　　　方
	現　　　　金	
	売 　掛 　金	
	備　　　　品	
	支 払 手 形	
	買 　掛 　金	
	未 　払 　金	
	売　　　　上	
	仕　　　　入	
	消 耗 品 費	
	水道光熱費	

事前学習解答

1　証ひょう書類には，注文書，送り状，納品書，領収書，請求書などがある。

2　伝票会計は，記帳作業を効率的に進めるため，仕訳帳の代わりに伝票を用いて取引を記入する方法である。

事後学習解答

仕訳日計表
令和×1年3月1日

借　　　方	勘 定 科 目	貸　　　方
11,000	現　　　　金	18,000
8,000	売 　掛 　金	11,000
15,000	備　　　　品	
	支 払 手 形	7,500
21,000	買 　掛 　金	8,500
	未 　払 　金	15,000
	売　　　　上	8,000
8,500	仕　　　　入	
1,800	消 耗 品 費	
2,700	水道光熱費	
68,000		68,000

第 **18** 章

試 算 表

☀ **事 前 学 習**

1　取引の8要素と結合関係について説明しなさい。

2　試算表の種類とその役目について説明しなさい。

I　貸借平均の原理

　取引は，取引の8要素と結合関係にしたがって，勘定記入の法則である貸借記入の原則にもとづき，仕訳を行って，該当する借方の勘定科目へ金額を記入して，同様に，該当する貸方の勘定科目へ金額を記入する。このとき，借方に記入される金額と貸方に記入される金額は必ず一致する。この金額が一致することを**貸借平均の原理**という。この原理は，複式簿記の機構を支える最も重要な原理である。

　勘定口座に記入する場合，貸借平均の原理にしたがって，取引をまず仕訳帳に記帳して，仕訳帳から総勘定元帳の各勘定口座へ転記するという順序を踏むことになる。したがって，総勘定元帳の借方の総計金額と貸方の総計金額は，必ず一致することになる。

II　試算表の役目と種類

1　試算表の役目

仕訳帳から総勘定元帳の各勘定口座へ転記された記録をもとにして，決算時

に貸借対照表や損益計算書を作成する。もし，総勘定元帳の借方の総計金額と貸方の総計金額が不一致だった場合は，適正な財政状態や経営成績を表示することができない。そのため，仕訳帳から総勘定元帳への転記が正しく行われているか否かを調べて，その転記の正確性を検討する必要がある。**試算表**（Trial Balance：T／B）とは，貸借平均の原理を利用し，総勘定元帳の正確性を確認するために作成する集計表である。

2　試算表の種類

　試算表は**合計試算表**，**残高試算表**，**合計残高試算表**の3種類がある。以下，下記の総勘定元帳を用いて，3種類の試算表を作成する。

例：令和○年5月31日時点の各総勘定元帳

現　金		101
500,000	30,000	
100,000	60,000	
80,000	75,000	
200,000	50,000	

売掛金		102
100,000	20,000	
120,000		

買掛金		201
15,000	40,000	
75,000	150,000	

借入金		202
	200,000	

資本金		301
	500,000	

売　上		401
20,000	200,000	
	200,000	

仕　入		501
30,000	15,000	
100,000		
150,000		

給　料		502
50,000		

(1) 合計試算表

前頁の総勘定元帳をもとに，合計試算表を作成すると下記のとおりとなる。

合計試算表
令和○年5月31日

借　　方	元　　帳	勘定科目	貸　　方
880,000	101	現　　金	215,000
220,000	102	売 掛 金	20,000
90,000	201	買 掛 金	190,000
	202	借 入 金	200,000
	301	資 本 金	500,000
20,000	401	売　　上	400,000
280,000	501	仕　　入	15,000
50,000	502	給　　料	
1,540,000			1,540,000

　合計試算表は，総勘定元帳の借方合計額および貸方合計額を集計した一覧表である。合計試算表の借方合計額と貸方合計額は，貸借平均の原理により必ず一致し，その金額は仕訳帳の借方合計額と貸方合計額とも必ず一致するはずである。不一致の場合，仕訳帳から総勘定元帳への転記に必ず誤りがあるはずであるから，それを調べて訂正しなければならない。

(2) 残高試算表

前述の総勘定元帳をもとに，残高試算表を作成すると次のとおりとなる。

残高試算表
令和○年5月31日

借　　　方	元　　　帳	勘 定 科 目	貸　　　方
665,000	101	現　　　金	
200,000	102	売 　掛 　金	
	201	買 　掛 　金	100,000
	202	借 　入 　金	200,000
	301	資 　本 　金	500,000
	401	売　　　上	380,000
265,000	501	仕　　　入	
50,000	502	給　　　料	
1,180,000			1,180,000

　残高試算表は，総勘定元帳の貸借差額を，つまり，総勘定元帳の純額を集計した一覧表である。取引の8要素と結合関係から，資産勘定および費用勘定では，借方に増加額および発生額が記入され，貸方に減少額および消滅額が記入されることから，通常は借方差額として算出される。他方，負債勘定，純資産勘定および収益勘定では，借方に減少額および消滅額が記入され，貸方に増加額および発生額が記入されることから，通常は貸方差額として算出される。

　残高試算表では，総勘定元帳の貸借差額の合計額が一致することによって，仕訳帳から総勘定元帳への転記の正確性を検証しようとしている。

　残高試算表の構造は，次の試算表等式によって示すことができる。

　　資産＋費用＝負債＋純資産（資本）＋収益

　この試算表等式の右辺にある負債および純資産（資本）を左辺に移項して，左辺にある費用を右辺に移項すると，左辺では財産法損益計算を示しており，右辺では損益法損益計算を示している。

　　資産－負債－純資産（資本）＝収益－費用

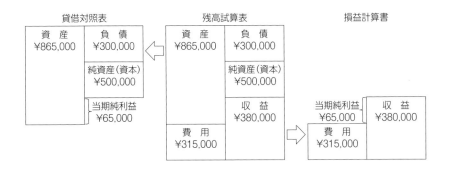

(3)　合計残高試算表

前述の総勘定元帳をもとに，合計残高試算表を作成すると，下記のとおりとなる。

合計残高試算表
令和○年 5 月 31 日

| 借 方 | | 元　帳 | 勘定科目 | 貸 方 | |
残　　高	合　　計			合　　計	残　　高
665,000	880,000	101	現　　金	215,000	
200,000	220,000	102	売 掛 金	20,000	
	90,000	201	買 掛 金	190,000	100,000
		202	借 入 金	200,000	200,000
		301	資 本 金	500,000	500,000
	20,000	401	売　　上	400,000	380,000
265,000	280,000	501	仕　　入	15,000	
50,000	50,000	502	給　　料		
1,180,000	1,540,000			1,540,000	1,180,000

　合計残高試算表は，合計試算表と残高試算表を結合したものであり，両者の長所を取り入れた一覧表である。両者ともに仕訳帳から総勘定元帳への転記の正確性を検証することを前提として，前者は，総勘定元帳の借方合計額および

貸方合計額という総額を用いて，企業活動の全体像を把握しようとするものであり，後者は，総勘定元帳の貸借差額という純額を用いて，企業活動の現状を把握しようとするものである。

 # 試算表の限界

試算表は，総勘定元帳の借方合計額および貸方合計額という総額を用いて，総勘定元帳への転記についての誤謬の有無を明らかにするが，その誤謬がどこにあるかまで，その探索能力をもたない。すなわち，貸借平均の原理に反していなければ，誤謬そのものを発見することは困難となる。

試算表の役目は，仕訳帳から総勘定元帳への転記の正確性を明確にすることであるが，次のものについては，すぐに発見・探索できないこともある。

1 勘定科目を誤って転記した場合

【仕訳例1】

正：	（借）売　掛　金	100,000	（貸）売　　　　上	100,000
誤：	（借）現　　　　金	100,000	（貸）売　　　　上	100,000

2 勘定科目貸借反対に転記した場合

【仕訳例2】

正：	（借）売　掛　金	100,000	（貸）売　　　　上	100,000
誤：	（借）売　　　　上	100,000	（貸）売　掛　金	100,000

合計試算表の借方合計額と貸方合計額が，仕訳帳の借方合計額と貸方合計額と一致したとしても，誤謬の有無をすぐには発見できない点が課題となる。

誤謬を発見しやすくするためには，定期的に試算表を作成する必要がある。

事後学習

下記の総勘定元帳から合計残高試算表を作成しなさい。

【資料】 令和○年6月30日時点の各総勘定元帳

現 金		101
700,000	50,000	
100,000	100,000	
200,000	150,000	
300,000	200,000	
	70,000	

売掛金		102
100,000	50,000	
400,000		

買掛金		201
30,000	50,000	
150,000	200,000	
	200,000	

借入金		202
	300,000	

資本金		301
	700,000	

売 上		401
50,000	200,000	
	600,000	

仕 入		501
100,000	30,000	
300,000		
400,000		

給 料		502
70,000		

合計残高試算表
令和○年6月30日

借　　方		元　帳	勘定科目	貸　　方	
残　　高	合　　計			合　　計	残　　高

☀ 事前学習解答

1　取引の8要素と結合関係とは，仕訳で借方に記入される①資産の増加，②負債の減少，③純資産（資本）の減少，④費用の発生と，貸方に記入される⑤資産の減少，⑥負債の増加，⑦純資産（資本）の増加，⑧収益の発生という，①〜④の借方4要素と，⑤〜⑧の貸方4要素の組合せをいう。

2　試算表には，合計試算表，残高試算表，合計残高試算表の3種類がある。いずれの試算表も仕訳帳から総勘定元帳への転記が正しく行われているか否かを調べて，その転記の正確性を検討することが役目である。

🌟 **事後学習解答**

合計残高試算表
令和〇年6月30日

借　方		元　　帳	勘定科目	貸　方	
残　　高	合　　計			合　　計	残　　高
730,000	1,300,000	101	現　　金	570,000	
450,000	500,000	102	売　掛　金	50,000	
	180,000	201	買　掛　金	450,000	270,000
		202	借　入　金	300,000	300,000
		301	資　本　金	700,000	700,000
	50,000	401	売　　上	800,000	750,000
770,000	800,000	501	仕　　入	30,000	
70,000	70,000	502	給　　料		
2,020,000	2,900,000			2,900,000	2,020,000

第19章

収益と費用

☀ 事前学習

次の取引について仕訳をしなさい。

(1) 8月1日に，火災保険に加入し，向こう1年分の保険料36,000円を現金で支払った。

(2) 10月1日に，建物の賃貸契約を結び，向こう1年分の家賃300,000円を現金で受け取った。

(3) 12月1日に，銀行から借り入れを行い，75,000円を当座預金とした（借入期間1年，利率年4%，利払日5月末と11月末）。

(4) 2月1日に，現金30,000円を貸し付けた。貸付期間1年，利率年2%で，利息は返済時に一括して受け取ることとなっている。

Ⅰ 収益および費用の記録

簿記では，企業の経営成績を表すために，当期の活動に費やした内容は**費用**の勘定科目で，また，その見返りとして得られた内容は**収益**の勘定科目で記録されている。

収益や費用には，受け取ることや支払うことで，その取引が完了するものもあるが，契約にもとづいて，一定期間にわたり継続して行われるものもある。

契約にもとづいた収益や費用は，一定の日にその受け払いがまとめて行われることがあり，収益はその受取額で記録，費用は支払額で記録される。しかし，この記録された金額は，以下の理由から必ずしも当期の損益計算書に計上すべ

き金額を表しているわけではない。

① 次期以降の分まで受け取ったり，支払ったりしているため，その分の記録がされている。

② 当期の分であるはずが，受け払いが行われていないため，記録されていない。

この場合，そのままにしておくと正しい損益計算を行うことができないため，決算において修正が必要である。

収益・費用の前払い・前受，未収・未払い

1　費用の前払い

費用の多くは，支払時にその全額を費用として計上している。しかし，その中に次期の分が入っている場合，決算では**前払費用**として計上することになる。

決算において，期中に費用として計上していたものを「当期の費用になるもの」と「次期の費用になるもの」に分け，次期の費用になるものを費用から控除する。

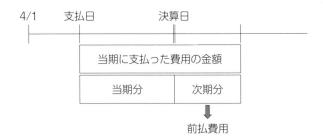

前払費用は，費用のところに具体的な費用名を入れ「前払保険料」といった科目で処理する。

【仕訳例 1】

保険料2,400円は，当期の7月1日に1年分を支払ったものであり，決算において，前払分について適切な処理を行う。なお，決算日は3月31日である。

（借）前払保険料　　　　　600　　　（貸）保　険　料　　　　　600＊

＊　当期の費用となるもの（7月から3月までの9ヶ月分）
　　次期の費用となるもの（4月から6月までの3ヶ月分）

$2,400 円 \times \dfrac{3}{12} = 600 円$（前払い分）

2　収益の前受け

　収益の多くは受け取り時に収益として計上している。しかし，その中に次期の分が入っている場合，決算では**前受収益**として計上することになる。

　決算において，期中に収益として計上していたものを，「当期の収益になるもの」と「次期の収益になるもの」に分け，次期の収益になるものを収益から控除する。

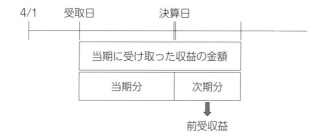

　前受収益は，収益のところに具体的な収益名を入れ**前受家賃**といった科目で処理する。

【仕訳例2】

　受取家賃3,600円は，所有する建物の一部賃貸によるもので，当期の12月1日に半年分を受け取ったものであり，未経過分について適切な処理を行う。なお，決算日は3月31日である。

　　　（借）受　取　家　賃　　　1,200＊　　　（貸）前　受　家　賃　　　1,200

＊　当期の収益となるもの（12月から3月までの4ヶ月分）
　　次期の収益となるもの（4月から5月までの2ヶ月分）

$3,600 円 \times \dfrac{2}{6} = 1,200 円$（前受け分）

3　費用の未払い

　当期において，すでに費用として発生しているが，契約により実際にはまだ支払っていないときは，これを当期の費用としてしなければならない。

　実際にはまだ支払っていないので未計上となっている費用は，**未払費用**として計上することになる。

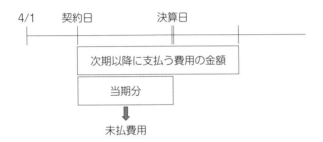

　未払費用は，費用のところに具体的な費用名を入れ**未払利息**といった科目で処理する。

【仕訳例3】

　借入金40,000円は，当期の6月1日に期間1年，年利率3%の条件で借り入れたもので，利息は11月末と5月末に6ヶ月分をまとめて現金で支払うことになっている。なお，決算日は3月31日であり，利息の計算は月割り計算による。

　　　（借）支　払　利　息　　　　　400*　　　（貸）未　払　利　息　　　　　　400

＊　　$40,000 円 \times 3\% \times \dfrac{4}{12} = 400 円$

4　収益の未収

　当期において，すでに収益として発生しているが，契約により実際にはまだ受け取っていないときは，これを当期の収益としてしなければならない。

　実際にはまだ受け取っていないので未計上となっている収益は，「未収収

益」として計上することになる。

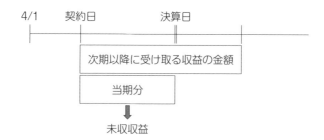

未収収益は，収益のところに具体的な収益名を入れ「未収地代」といった科目で処理する。

【仕訳例4】

当期の6月1日に土地の賃貸契約（期間1年，年額2,400円）を結び，受け取りは契約期間満了時に，まとめて現金で受け取ることになっている。なお，決算日は3月31日である。

（借）未 収 地 代　　　　2,000*　　（貸）受 取 地 代　　　　2,000

＊　$2,400\text{円} \times \dfrac{10}{12} = 2,000\text{円}$

 再振替仕訳

決算整理仕訳で，「未収・前払・未払・前受」を計上するが，それらの経過勘定（未収・前払・未払・前受を経過勘定という）は，期首になると必ず逆仕訳を行う。その仕訳を再振替仕訳という。

（例題19-1）

費用の前払いを参考に仕訳をしなさい。

4月1日，前期末の決算において繰り越された前払費用（保険料）400円を振り替える。

150

（借）保　険　料　　　　　400　　　　（貸）前払保険料　　　　　400

 ## Ⅳ　貯蔵品の処理

ハガキ代や郵便切手代などは，購入時に「**通信費**」として処理するが，未消費分については決算において「通信費」から「**貯蔵品**」に振り替えて次期に繰り越す。

なお，貯蔵品に振り替えた通信費についても，翌期の期首に再振替仕訳を行う。

【仕訳例5】

2月1日に通信用の84円切手を20枚を現金で購入した。

（借）通　信　費　　　1,680　　　　（貸）現　　　金　　　1,680

決算において，未使用の切手が5枚残っていた。

（借）貯　蔵　品　　　　420　　　　（貸）通　信　費　　　　420

☀ 事 後 学 習

次の一連の取引について仕訳をしなさい。なお決算日は3月31日である。

(1)① 保険料36,000円は，当期の8月1日に向こう1年分を支払ったものであり，決算において前払分について適切な処理を行う。

② 4月1日に，再振替仕訳を行う。

(2)① 家賃300,000円は，当期の10月1日に向こう1年分を受け取ったものであり，決算において前受分について適切な処理を行う。

② 4月1日に，再振替仕訳を行う。

(3)① 借入金73,000円は，当期の12月1日に期間1年，利率年4%の条件で借り入れたもので，すでに経過した121日分の利息について適切な処理を行う。利息の計算は日割りによる。

② 4月1日に，再振替仕訳を行う。

(4)① 貸付金30,000円は，当期の2月1日に期間1年，利率年2%の条件で

貸し付けたもので，利息は返済時に一括して受け取ることとなっている。
利息の計算は月割りによる。

② 4月1日に，再振替仕訳を行う。

🌼 事前学習解答

(1)	（借）保　険　料	36,000	（貸）現　　　　金	36,000
(2)	（借）現　　　　金	300,000	（貸）受　取　家　賃	300,000
(3)	（借）当　座　預　金	75,000	（貸）借　入　金	75,000
(4)	（借）貸　付　金	30,000	（貸）現　　　　金	30,000

🌼 事後学習解答

(1)

| ① | （借）前払保険料 | 12,000 | （貸）保　険　料 | 12,000 |
| ② | （借）保　険　料 | 12,000 | （貸）前払保険料 | 12,000 |

(2)

| ① | （借）受　取　家　賃 | 150,000 | （貸）前　受　家　賃 | 150,000 |
| ② | （借）前　受　家　賃 | 150,000 | （貸）受　取　家　賃 | 150,000 |

(3)

| ① | （借）支　払　利　息 | 968 | （貸）未　払　利　息 | 968 |
| ② | （借）未　払　利　息 | 968 | （貸）支　払　利　息 | 968 |

(4)

| ① | （借）未　収　利　息 | 100 | （貸）受　取　利　息 | 100 |
| ② | （借）受　取　利　息 | 100 | （貸）未　収　利　息 | 100 |

8桁精算表

⚙ 事前学習

精算表の意義について考えてみよう。

Ⅰ　決算整理

　決算は，総勘定元帳の勘定記録にもとづいて行う。しかし，勘定記録の中には「記録した時点では正しいものであっても，決算時に修正が必要なもの」がある。

　そのため，試算表をもとにして，各勘定科目について確認し，必要な修正を行う。これを**決算整理**といい，確認や修正をすることがらを**決算整理事項**といい，精算表では，**修正記入欄**に記載する。なお，金額の修正は，仕訳（**決算整理仕訳**）と転記によって行う。

　簿記3級で学習する決算整理事項は主に次のとおりである。

① 　現金過不足の整理（本章）

② 　当座借越の計上（本章）

③ 　貸倒れの見積もり（第11章）

④ 　売上原価の計算（本章）

⑤ 　固定資産の減価償却（第14章）

⑥ 　貯蔵品勘定への振り替え（第19章）

⑦ 　費用・収益の前払い・前受けと未収・未払い（第19章）

1 現金過不足

(1) 現金過不足とは

現金に関する取引は頻繁に行われるため，現金の有高は絶えず変動している。そこで，定期的に実査を行い，現金の実際有高（または手許有高）と帳簿残高が一致しない（不足が生じている，または超過している）とき，その差額を**現金過不足**<ruby>現金過不<rt>げんきんかぶ</rt></ruby><ruby>足<rt>そく</rt></ruby>という。

現金過不足の仕訳は，①現金過不足を見つけたとき，②差額の原因が判明したとき，③差額の原因が期末まで不明だったとき，④決算日の現金実査にもとづく現金過不足の処理の4つのパターンがある。

(2) 現金過不足の処理

① 現金過不足を見つけたとき（**実際＜帳簿**）

現金の実際有高が帳簿残高より少ないときは，現金の帳簿残高を実際有高に修正する。そのとき，現金の相手勘定科目は一時的に現金過不足としておく。

【仕訳例1】

現金の実際有高が帳簿残高より100円不足していた。

  （借）現金過不足   100 （貸）現 金   100

② 差額の原因が判明したとき（**実際＜帳簿**）

現金過不足の原因がわかったときは，現金過不足を取り消して，正しい勘定科目に振り替える。

【仕訳例2】

現金過不足について，調査した結果，通信費の支払い記入漏れが100円あることが判明した。

  （借）通 信 費   100 （貸）現金過不足   100

③ 現金過不足を見つけたとき（**実際＞帳簿**）

現金の実際有高が帳簿残高より多いときは，現金の帳簿残高を実際有高に修正する。そのとき，現金の相手勘定科目は一時的に**現金過不足**としておく。

【仕訳例3】

現金の実際有高が帳簿残高より200円多かった。

（借）現　　　金　　　　200　　　（貸）現金過不足　　　　　200

④　差額の原因が判明したとき（実際＞帳簿）

現金過不足の原因がわかったときは，**現金過不足**を取り消して，正しい勘定科目に振り替える。

【仕訳例4】

現金過不足について調査した結果，売掛金の回収額の記入漏れが200円あることが判明した。

（借）現金過不足　　　　200　　　（貸）売　掛　金　　　　　200

(3)　現金過不足の処理（決算整理）

現金過不足は，現金の実際有高と帳簿残高の不一致額を一時的に記録する仮の勘定である。決算時に**現金過不足**の残高があるときは，期中に生じた現金過不足が原因不明のまま，未処理であることを意味するので，決算手続中にその原因を調べたうえで，これを適切な勘定に振り替える。

①　差額の原因が期末まで不明だったとき（借方残高）

現金過不足の借方残高は，原因不明の不足額なので，これをその他の費用として**雑損**に振り替える。

【仕訳例5】

決算において，現金過不足勘定の借方残高50円を雑損として処理した。

（借）雑　　　損　　　　　50　　　（貸）現金過不足　　　　　50

②　差額の原因が期末まで不明だったとき（貸方残高）

現金過不足の貸方残高は，原因不明の超過額なので，これをその他の収益として**雑益**に振り替える。

【仕訳例6】

決算において，現金過不足勘定の貸方残高30円を雑益として処理した。

（借）現金過不足　　　　30　　　（貸）雑　　　益　　　　　30

(4) 決算日の現金実査にもとづく現金過不足の処理

決算日には，必ず現金実査を行う。このとき現金過不足が生じていた場合は，決算手続中に，原因を調査して，次のいずれかの処理を行う。なお，仕訳の方法として，同じ日付で処理が行われることから，通常は現金過不足を用いないで仕訳する。

① 原因が判明したとき

【仕訳例7】

決算において，現金の実査を行ったところ300円不足していた。原因を調査したところ，買掛金の支払いが記入漏れであることが判明した。

（借）買　掛　金　　　　300　　（貸）現　　　　金　　　　300

② 原因が不明なとき

【仕訳例8】

決算において，現金の実査を行ったところ300円不足していた。原因を調査したがわからなかったので，適当な科目に振り替えることとした。

（借）雑　　　損　　　　300　　（貸）現　　　　金　　　　300

2　当座借越の計上

当座借越契約を銀行と結んでいて，当座預金残高を超えて小切手の振り出しや引き落とし等が行われると，当座預金が貸方残高となる。期末時点で当座預金が貸方残高となっている場合，銀行から一時的に借り入れたと考え，その残高を**当座借越**または**借入金**に振り替える。

【仕訳例9】

決算につき，当座預金の残高を調べたところ，当座預金の残高が貸方1,600円となっていたため，当座借越に振り替える。

（借）当　座　預　金　　　1,600　　（貸）当　座　借　越　　　1,600

3　売上原価の計算

(1)　売上原価の計算

売上原価とは，期中に販売した商品の原価である。売上原価を計算するためには，仕入に計上していた商品のうち，期末においていまだ販売していない商品の在庫金額を把握し，繰越商品に期末の在庫金額を振り替える。

売上原価＝期首商品棚卸高＋当期商品仕入高－期末商品棚卸高
　　　　　（期 首 在 庫）　　（仕　　　入）　　（期 末 在 庫）

(2)　売上原価を算定するための仕訳

売上原価の算定をどのように記帳するかについてはいくつかの方法があるが，ここでは，「仕入」で算定する方法を説明する。

前期末に未販売の商品2個（@ 200円）と当期に仕入れた商品10個（@ 200円）があり，このうち8個を1個あたり350円で販売した。

販売できる商品の数は12個，そのうち販売した商品は8個なので，当期末の未販売は4個になる。

このような場合，売上原価を算定するには，まず，前期末に未販売の商品400円（期首商品棚卸高）を繰越商品から仕入に振り替える。次に未販売の商品800円（期末商品棚卸高）を仕入から繰越商品に振り替える。

この振り替えは，仕入において期首商品棚卸高を当期商品仕入高に加え，期末商品棚卸高を差し引くことにより売上原価を計算している。

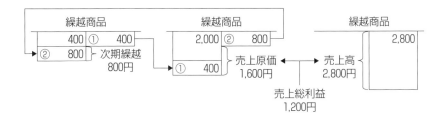

① 期首商品棚卸高　400円

　まず，期首商品の金額を「仕入」に加える。

　　（借）仕　　　入　　　　　400　　　（貸）繰 越 商 品　　　　　400

② 期末商品棚卸高　800円

　期末商品の金額を「仕入」から減らす。

　　（借）繰 越 商 品　　　　800　　　（貸）仕　　　入　　　　　800

Ⅱ　精　算　表

　決算において，**決算整理前残高試算表**（前Ｔ／Ｂ）と**決算修正事項**（未処理事項および決算整理事項）が確定したら，別表を用いて経営成績や財務状態を計算する。このとき用いられる表を**精算表**（Work Sheet：Ｗ／Ｓ）といい，決算における前Ｔ／Ｂから損益計算書・貸借対照表の作成を一覧できる表である。

1　8桁精算表の作成手順

　8桁精算表は，次の手順で作成する。

　Step 1　前Ｔ／Ｂの金額を試算表欄に記入する。

　Step 2　前Ｔ／Ｂおよび修正事項にもとづいて，仕訳を行い，修正記入欄に記入する。

　Step 3　あらかじめ試算表欄に記入されている資産・負債・純資産の金額に，修正記入欄の金額を加減して，貸借対照表欄に記入する。収益・費用の金額に修正記入欄の金額を加減して，収益計算書欄に記入する。このとき，加算減算については次の通り行う。

① 借方どうし，貸方どうしは加算する。

② 貸借逆のものは減算して，残高があるほうに記入する。

　決算整理により追加された各勘定の金額も，損益計算書欄または貸借対照表欄へ記入する。

① 収益の勘定は損益計算書欄の貸方へ

② 費用の勘定は損益計算書欄の借方へ

③ 資産の勘定は貸借対照表欄の借方へ

④ 負債・純資産の勘定は貸借対照表欄の貸方へ

Step 4　損益計算書欄および貸借対照表欄それぞれの借方の合計金額と貸方の合計金額の差額により，当期純利益または当期純損失を算定し，所定の場所に記入する。

① 当期純利益または当期純損失

　　当期純利益：損益計算書欄が「借方合計＜貸方合計」のとき，または，貸借対照表欄が「借方合計＞貸方合計」のとき。

　　当期純損失：損益計算書欄が「借方合計＞貸方合計」のとき，または，貸借対照表欄が「借方合計＜貸方合計」のとき。

② 記入する場所

　　勘定科目欄の一番下に**当期純利益**または**当期純損失**と記入し，

　　当期純利益の場合：損益計算書欄の借方と貸借対照表欄の貸方に記入

　　当期純損失の場合：損益計算書欄の貸方と貸借対照表欄の借方に記入

Step 5　各記入欄の一番下の借方の合計金額と貸方の合計金額を計算（一致を確認）して，二重線を引いて締め切る。

例題 20-1

次の決算整理にもとづいて，精算表を完成させなさい。

〔決算整理事項〕

　1　期末商品棚卸高は 1,000 円であった。売上原価は「仕入」の行で計算する。

　2　売掛金の期末残高に対して 300 円の貸倒れを見積り，差額補充法により 100 円を繰り入れる。

　3　備品について 9,000 円の減価償却費を計上する。

　4　保険料のうち 500 円は未経過分である。

　5　支払家賃の未払い分が 1,000 円ある。

精　算　表

勘定科目	試 算 表 借方	試 算 表 貸方	修 正 記 入 借方	修 正 記 入 貸方	損益計算書 借方	損益計算書 貸方	貸借対照表 借方	貸借対照表 貸方
現　　　　金	32,000							
売　　掛　　金	15,000							
繰　越　商　品	1,700							
備　　　　品	50,000							
買　　掛　　金		12,000						
貸 倒 引 当 金		200						
減価償却累計額		9,000						
資　　本　　金		50,000						
繰越利益剰余金		9,500						
売　　　　上		100,000						
仕　　　　入	60,000							
給　　　　料	10,000							
保　　険　　料	1,000							
支　払　家　賃	11,000							
	180,700	180,700						
貸倒引当金繰入								
減 価 償 却 費								
前 払 保 険 料								
未 払 家 賃								
当期純（　　）								

160

精　算　表

勘定科目	試　算　表		修 正 記 入		損益計算書		貸借対照表	
	借方	貸方	借方	貸方	借方	貸方	借方	貸方
現　　　　金	32,000						32,000	
売　掛　金	15,000						15,000	
繰 越 商 品	1,700		1,000	1,700			1,000	
備　　　　品	50,000						50,000	
買　掛　金		12,000						12,000
貸倒引当金		200		100				300
減価償却累計額		9,000		9,000				18,000
資　本　金		50,000						50,000
繰越利益剰余金		9,500						9,500
売　　　　上		100,000				100,000		
仕　　　　入	60,000		1,700	1,000	60,700			
給　　　　料	10,000				10,000			
保　険　料	1,000			500	500			
支 払 家 賃	11,000		1,000		12,000			
	180,700	180,700						
貸倒引当金繰入			100		100			
減 価 償 却 費			9,000		9,000			
前 払 保 険 料			500				500	
未 払 家 賃				1,000				1,000
当期純（利益）					7,700			7,700
			13,300	13,300	100,000	100,000	98,500	98,500

☀ 事 後 学 習

　次の決算整理にもとづいて，精算表を完成させなさい。会計期間は，令和×1年4月1日から令和×2年3月31日までの1年間である。

〔決算整理事項〕

1　期末商品棚卸高は30,000円であった。売上原価は「仕入」の行で計算する。

2　売掛金の期末残高に対して差額補充法により2%の貸倒れを見積もる。

3　建物について，耐用年数8年，残存価額ゼロとして，定額法により減価償却を行う。

4　保険料は，当期の10月1日に向こう1年分をまとめて支払ったものである。

5　受取手数料の未収分が1,000円ある。

6　借入金の利息は年3%であり，半年ごと（6月末と12月末）に支払うこととなっているが，利息のうち，1月から3月までの期間が未払いとなっている。なお，利息の計算は月割りによる。

精　算　表

令和×1年4月1日から令和×2年3月31日

勘定科目	試　算　表		修 正 記 入		損益計算書		貸借対照表	
	借方	貸方	借方	貸方	借方	貸方	借方	貸方
現　　　　金	44,000							
当 座 預 金	70,000							
売　掛　金	80,000							
繰 越 商 品	32,000							
建　　　物	320,000							
土　　　地	150,000							
買　掛　金		60,000						
借　入　金		100,000						
貸 倒 引 当 金		1,000						
減価償却累計額		120,000						
資　本　金		250,000						
繰越利益剰余金		79,500						
売　　　上		350,000						
受 取 手 数 料		2,000						
仕　　　入	190,000							
給　　　料	45,000							
保　険　料	30,000							
支 払 利 息	1,500							
	962,500	962,500						
貸倒引当金繰入								
減 価 償 却 費								
前 払 保 険 料								
未 収 手 数 料								
未 払 利 息								
当期純（　　）								

✸ 事前学習解答

　精算表とは，正式な帳簿決算を行う前に，別表を用いて試算表の作成から財務諸表の作成までを一覧表にしたものである。精算表を作成することにより，決算に先立って，当期の経営成績と期末における財政状態を把握することができる。精算表は，決算手続の全体的な流れを理解するのに役立ち，決算手続を円滑に実施するために有用な表である。

✸ 事後学習解答

1	（借）仕　　　入	32,000	（貸）繰 越 商 品	32,000
	（借）繰 越 商 品	30,000	（貸）仕　　　入	30,000
2	（借）貸倒引当金繰入	600*	（貸）貸 倒 引 当 金	600

* 80,000 円 × 2% = 1,600 円
  1,600 円 − 1,000 円 = 600 円

3	（借）減 価 償 却 費	40,000*	（貸）減価償却累計額	40,000

* 320,000 円 ÷ 8 = 40,000 円

4	（借）前 払 保 険 料	15,000*	（貸）保　険　料	15,000

* $30,000 \text{ 円} \times \dfrac{6}{12} = 15,000 \text{ 円}$

5	（借）未 収 手 数 料	1,000	（貸）受 取 手 数 料	1,000
6	（借）支 払 利 息	750*	（貸）未 払 利 息	750

* $100,000 \text{ 円} \times 3\% \times \dfrac{3}{12} = 7,500 \text{ 円}$

精　算　表

令和×1年4月1日から令和×2年3月31日

勘定科目	試　算　表		修　正　記　入		損益計算書		貸借対照表	
	借方	貸方	借方	貸方	借方	貸方	借方	貸方
現　　　　金	44,000						44,000	
当 座 預 金	70,000						70,000	
売 　掛　 金	80,000						80,000	
繰 越 商 品	32,000		30,000	32,000			30,000	
建　　　　物	320,000						320,000	
土　　　　地	150,000						150,000	
買 　掛　 金		60,000						60,000
借 　入　 金		100,000						100,000
貸 倒 引 当 金		1,000		600				1,600
減価償却累計額		120,000		40,000				160,000
資　 本 　金		250,000						250,000
繰越利益剰余金		79,500						79,500
売　　　　上		350,000				350,000		
受 取 手 数 料		2,000		1,000		3,000		
仕　　　　入	190,000		32,000	30,000	192,000			
給　　　　料	45,000				45,000			
保 　険 　料	30,000			15,000	15,000			
支 払 利 息	1,500		750		2,250			
	962,500	962,500						
貸倒引当金繰入			600		600			
減 価 償 却 費			40,000		40,000			
前 払 保 険 料			15,000				15,000	
未 収 手 数 料			1,000				1,000	
未 払 利 息				750				750
当期純（利益）					58,150			58,150
			119,350	119,350	353,000	353,000	710,000	710,000

第21章 決算の意義と手続き

事前学習

次の取引の仕訳をしなさい。また，カッコ内の用語について調べなさい。

1　期末における債務残高3,000,000円に対し，過去3年間の貸倒実績率2%の貸倒れを見積る。（貸倒引当金（実績法），差額補充法）

2　決算（年1回）にあたり，取得原価¥500,000，残存価額は取得原価の10%，耐用年数5年の備品について定額法により減価償却をおこなった。
　　なお，間接法により処理すること。（減価償却（間接法），定額法）

3　6月1日　1年分の保険料¥60,000を現金で支払った。

4　12月31日　決算（年1回）にあたり，上記の保険料の前払分を次期に繰り延べた。（費用の前払い）

5　1月1日　前払保険料を再振替した。

	借 方 科 目	金 　 額	貸 方 科 目	金 　 額
1				
2				
3				
4				
5				

166

差額補充法	
定　額　法	
費用の前払い	

I 決算の意義

　複式簿記は，企業と企業に対する資本提供者（所有主）とを分離することから始まる（これを**企業実体の公準**という）。すなわち，資産（財産）＝純資産（資本）という均衡等式が複式簿記の出発点となっている。そして，15世紀に始まる大航海時代において「一航海一会計期間」であったものが進展して，株式会社の誕生によって企業の寿命が延伸したことから，現在に至るまで企業は将来にわたって事業活動を継続するという前提にたって会計処理をしている（これを**継続企業の公準**（会計期間の公準）という）。加えて，企業の事業活動は，貨幣額によって，測定，記録，報告される（これを**貨幣的測定の公準**という）。換言すれば，**所有と経営の分離**の根拠となっている企業実体の公準によって，受託者（経営者）は，委託者（所有主）に対し，受託責任（説明責任）を果たすことを求められる。そのため，継続企業の公準にしたがって一会計期間を設定し，一会計期間の経営成績と期末における財政状態を貨幣額によって明らかにする必要がある。

　総勘定元帳の正確性を確保した残高試算表をもとにして，一会計期間の経営成績と期末における財政状態を明らかにするため，期末に総勘定元帳の記録を整理，集計・計算する手続きを**決算**という。具体的には，前者で各帳簿の締め切りを行い，後者で財務諸表（損益計算書，貸借対照表）を作成する。

　簿記の目的は，仕訳帳に記入された日々の取引（歴史的な記録）をもとに，経営成績を表す損益計算書と財政状態を表す貸借対照表を作成することにある。

そのため，総勘定元帳の記録を整理し，決算を行う。決戦の手続きは，①決算予備手続き，②決算本手続き，③財務諸表の作成の順序で行われる。本章では①および②について取り上げ，③については第22章で取り上げることにする。

* 簿記一巡の手続き（①決算予備手続き，②決算本手続き）
取引→仕訳帳に記帳→総勘定元帳へ転記→①試算表の作成→①棚卸表の作成→②決算整理→②費用・収益の勘定を損益勘定へ振替え→②資産・負債・純資産（資本）の勘定の締切り→②繰越試算表（決算後試算表）作成→損益計算書・貸借対照表の作成→開始記入

Ⅱ 決算予備手続き

決算予備手続きでは，次の２つの手続きが行われる。

(1) 試算表の作成

試算表は，仕訳帳から総勘定元帳への転記の正確性を検証するため，総勘定元帳を集計して作成される。

企業の事業活動を総勘定元帳へ直接記入すると，誤謬を犯す可能性があると同時に，その誤謬を発見することが困難となる。したがって，発生した順番に取引を仕訳帳へ記入して，総勘定元帳へ転記することで，誤謬の発見が容易になるようにしている。誤謬は，試算表（日計表，月計表など）を作成することによって，その発見・探索がある程度可能になる。

決算本手続きは，まず試算表で総勘定元帳の正確性を確保した上で行う。

(2) 棚卸表の作成

棚卸表は，資産・負債等の実際の状況を実地調査によって把握し（実地棚卸という），その内容を次のように，一覧表にまとめたものである。

決算本手続きは，この棚卸表の内容にもとづいて，帳簿記録を整理した上で行う。この総勘定元帳の記録の整理を決算整理という。

棚 卸 表
令和〇年 12 月 31 日

勘 定 科 目	摘　　　要			内　　訳	金　　額
繰 越 商 品	A　　　　　品	70 個　@	￥800	56,000	
	B　　　　　品	60 個　@	￥1,000	60,000	116,000
売買目的有価証券	東西商事株式会社株式　1,000 株 (売買目的)				
		帳簿価額　@	￥80	80,000	
		評価損　@	￥5	5,000	75,000
備　　　　　品	営業用備品一式	取得原価		100,000	
	減価償却累計額		￥36,000		
	当期減価償却高		￥9,000	45,000	55,000
売　掛　金	帳　簿　残　高			300,000	
	貸 倒 引 当 金　売掛金残高の 4%			12,000	288,000
前 払 保 険 料	保険料の前払分				4,000
未 収 手 数 料	手数料の未収分				27,000

 ## 決算本手続き

決戦本手続きは(1)決算整理，(2)収益と費用の勘定の締切り，(3)資産，負債および資本の勘定の締切り，(4)繰越試算表の作成，(5)仕訳帳の締切りの順序で行われる。

(1)　決 算 整 理

棚卸表の決算整理事項にもとづき，総勘定元帳の記録を整理する。例えば，減価償却費，貸倒引当金，前払費用，前受収益，未払費用，未収収益など計上して，総勘定元帳の記録を整理する。

(2)　収益と費用の勘定の締切り

帳簿決算では，①損益勘定の開設から始める。損益勘定は損益集合（または集合損益）勘定の略称であり，決算のときだけ使用する勘定である。

損益勘定を開設した後，②収益の諸勘定の純発生額（貸方差額）を損益勘定の貸方へ，③費用の諸勘定の純発生額（借方差額）を損益勘定の借方へ振替える。この手続きは損益振替手続きと呼ばれる。

損益勘定の残高（貸借差額）は，④貸方差額（収益の諸勘定の総額が費用の諸勘定の総額より大きい場合）のときは，当期純利益として，繰越利益剰余金勘定の貸方へ，⑤借方差額（費用の諸勘定の総額が収益の諸勘定の総額より大きい場合）のときは，当期純損失として，繰越利益剰余金勘定の借方へ振替える。この手続きは資本振替手続きと呼ばれる。

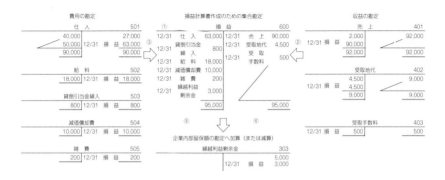

(3) 資産，負債および資本の勘定の締切り

収益と費用の勘定の締切り後，資産，負債および資本の勘定を締切る。ここでは英米式決算法をとりあげる。まず①各勘定の借方合計金額と貸方合計金額を比較し，②借方差額の場合（借方が大きい場合）は，貸方に次期繰越と記入して，その差額を記入する。反対に，③貸方差額の場合（貸方が大きい場合）は，借方に次期繰越と記入して，その差額を記入する。④次年度初日は，前年度に次期繰越と記入した金額を，前期繰越と記入して，その金額を記入する。この前期繰越と記入することを**開始記入**という。

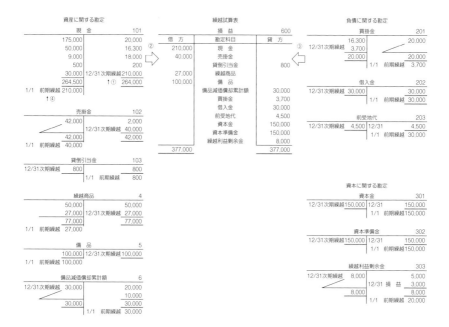

(4)　繰越試算表の作成

　次期繰越金額を集計して，貸借平均の原理を用いて，実在するものについて
その金額の正確性を確かめると同時に，貸借対照表作成のための集計表として
作成するものを**繰越試算表**（くりこししさんひょう）という。

　英米式決算法では，損益振替手続き・資本振替手続きのために，**損益勘定**は
設定するが，残高振替手続きを行わない（総勘定元帳だけで，次期繰越・前期繰越
（開始記入）を行う）ため，**残高勘定**は設定しない。

　繰越試算表は，英米式決算法を採用したときに，貸借対照表を構成する勘定
科目の内容について，実在性と正確性を確かめる目的で作成される。

(5)　仕訳帳の締切り

　英米式決算法では，仕訳帳を下記のように締切る。

日付		摘　　要	元丁	借　方	貸　方
		前ページ繰越		900,000	900,000
		本日決算			
12	31	諸　　口　　　　　（損　　益）	600		95,000
		（売　　上）	401	90,000	
		（受取地代）	402	4,500	
		（受取手数料）	403	500	
		収益の勘定を損益勘定へ振替え			
12	31	（損　　益）　　　　　諸　　口	600	92,000	
		（仕　　入）	501		63,000
		（給　　料）	502		18,000
		（貸倒引当金繰入）	503		800
		（減価償却費）	504		10,000
		（雑　　費）	505		200
		費用の勘定を損益勘定へ振替え			
12	31	（損　　益）	600	3,000	
		（繰越利益剰余金）	303		3,000
		当期純利益を繰延利益剰余金勘定へ振替え			
				1,090,000	1,090,000

⚙ **事 後 学 習**

1　決算手続きについて説明しなさい。

2　大陸式決算法と英米式決算法の違いについて説明しなさい。

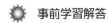 **事前学習解答**

	借方科目	金　額	貸方科目	金　額
1	貸倒引当金繰入	60,000	貸倒引当金	60,000
2	減価償却費	90,000	備品減価償却累計額	90,000
3	保険料	60,000	現金	60,000
4	前払保険料	25,000	保険料	25,000
5	保険料	25,000	前払保険料	25,000

差額補充法	決算時に貸倒実績率を用いて貸倒引当金残高の不足分となる金額を追加計上する方法である。
定額法	決算時に経年劣化や陳腐化などによる価値減少額を毎期均等額だけ減価償却費として計上する方法である。
費用の前払い	当期において既に支払った費用の金額のうち,次期以降に該当する金額である。

事後学習解答

1　決戦手続きは①決算予備手続き，②決算本手続き，③財務諸表の作成の順で行われる。①は試算表および棚卸表の作成であり，②は費用・収益の勘定を損益勘定へ振替え，資産・負債・純資産（資本）の勘定の締切り，そして繰越試算表の作成である。

2　大陸式決算法では残高勘定を開設して，資産・負債・純資産（資本）の勘定を振替えるのに対して，英米式決算法では残高勘定を開設せず，各総勘定元帳上で決算を行う。

第 22 章

損益計算書と
貸借対照表の作成

☀ 事 前 学 習

　次の決算整理後の残高試算表にもとづいて，損益計算書と貸借対照表を完成
させなさい。

決算整理後残高試算表
令和×2年3月31日

借　　方	勘 定 科 目	貸　　方
92,000	現　　　　　金	
79,000	当　座　預　金	
100,000	普　通　預　金	
184,000	売　　掛　　金	
144,000	繰　越　商　品	
260,000	建　　　　　物	
	支　払　手　形	58,000
	買　　掛　　金	68,000
	借　　入　　金	146,000
	貸　倒　引　当　金	9,200
	建物減価償却累計額	39,000
	資　　本　　金	517,600
	売　　　　　上	1,160,000
	受　取　利　息	1,400
812,000	仕　　　　　入	
174,000	給　　　　　料	
116,000	広　告　宣　伝　費	
11,400	保　　険　　料	
7,000	貸 倒 引 当 金 繰 入	
15,600	減　価　償　却　費	
2,000	支　払　利　息	
1,800	前　払　保　険　料	
	未　払　利　息	800
1,200	未　収　利　息	
2,000,000		2,000,000

損益計算書
令和×１年４月１日から令和×２年３月31日まで

費　　用	金　　額	収　　益	金　　額
売　上　原　価		売　　上　　高	
給　　　料		（　　　　　）	
広　告　宣　伝　費			
（　　　　　）			
貸倒（　　　　）			
（　　　　　）			
（　　　）利　息			
（　　　　　）			

貸借対照表
令和×２年３月31日

資　　産	金　　額	負債・純資産	金　　額
現　　　　　金		支　払　手　形	
当　座　預　金		買　　掛　　金	
普　通　預　金		（　　　　　）	
売　　掛　　金		（　　　）利　息	
（　　　　　）		（　　　　　）	
商　　　　　品		（　　　　　）	
（　　）保　険　料			
（　　　）利　息			
建　　　　　物			
（　　　　　）			

175

Ⅰ 財務諸表の作成

　決戦の手続きは，①決算予備手続き，②決算本手続き，③決算報告手続きの順序で行われる。①および②を済ませた後に，決算報告手続きとして，最後に財務諸表を作成する。財務諸表には一会計期間の経営成績を表す損益計算書，期末における財政状態を表す貸借対照表，貸借対照表の純資産の部の変動額を表す株主資本等変動計算書などがある。いずれも，金融商品取引法や会社法で作成が義務づけられているものである。本章では，損益計算書と貸借対照表の作成方法について取り上げる。なお，両者の形式には**勘定式**と**報告式**があるが，本章では**勘定式**について取り上げる。

Ⅱ 損益計算書の意義と作成方法

　損益計算書は，一会計期間の経営成績について，**損益法**による期間損益計算すなわち，**損益法等式**（収益－費用＝利益または損失）にもとづき，個別的に，原因別に集計して，企業活動の成果について，一覧表示したものである。

　損益計算書は，財務諸表分析の際に，主に収益性分析として，企業の収益力の良否を判断したり，その原因を明らかにしたりするために用いられる。

　損益計算書は，損益法等式を変形した損益計算書等式（費用＋利益＝収益，または，費用＝収益＋損失）で表現される。

　損益計算書作成の際，その表示として注意すべき点は下記のとおりである。

①　売上勘定は，残高（純売上高）を**売上高**として表示する。

②　決算整理後の仕入勘定は，残高（売上原価）を**売上原価**として表示する。

③　損益勘定の残高（貸借差額）が，貸方差額（収益の諸勘定の総額が費用の諸勘定の総額より大きい場合）のときには，損益計算書の借方に当期純利益として表示し，借方差額（費用の諸勘定の総額が収益の諸勘定の総額より大きい場合）のときには，損益計算書の貸方に当期純損失として表示する。

貸借対照表の意義と作成方法

　貸借対照表は，一定時点の財政状態について，**純資産（資本）等式**（資産－負債＝純資産（資本））にもとづき，個別的に，原因別に集計して，一覧表示したものである。

　貸借対照表は，純資産（資本）等式を変形した**貸借対照表等式**（資産＝負債＋純資産（資本））で表現される。

　貸借対照表作成の際に注意すべき点は下記のとおりである。

①　決算整理後の繰越商品勘定は，残高（期末の商品棚卸高）を「商品」として表示する。

②　貸倒引当金勘定は，売上債権の下にマイナスの勘定として表示する。

③　減価償却累計額勘定は，固定資産の下にマイナスの勘定として表示する。

④　繰越利益剰余金勘定は，残高（前期繰越額）に，損益計算書の当期純利益（または当期純損失）の額を加算（または減算）して表示する。

　　事後学習

　次の決算整理後残高試算表に参考資料にもとづき，損益計算書と貸借対照表を完成させなさい。

決算整理後残高試算表
令和×2年3月31日

借　　方	勘定科目	貸　　方
114,800	現　　　　　金	
189,000	当　座　預　金	
150,000	普　通　預　金	
196,000	売　　掛　　金	
144,400	繰　越　商　品	
270,000	建　　　　　物	
	支　払　手　形	66,000
	買　　掛　　金	88,000
	借　　入　　金	146,000
	貸　倒　引　当　金	?
	建物減価償却累計額	40,500
	資　　本　　金	600,000
	利　益　準　備　金	60,000
	繰越利益剰余金	30,000
	売　　　　　上	1,200,000
	受　取　利　息	2,400
?	仕　　　　　入	
180,000	給　　　　　料	
120,000	広　告　宣　伝　費	
12,000	保　　険　　料	
?	貸倒引当金繰入	
13,500	減　価　償　却　費	
2,000	支　払　利　息	
2,400	前　払　保　険　料	
	未　払　利　息	800
1,800	未　収　利　息	
2,243,500		2,243,500

178

＜参考資料＞

1　期首商品棚卸高は¥131,000であり，当期商品純仕入高は¥853,400である。

2　売上債権の期末残高に対して5%の貸倒れを見積もる（差額補充法）。

　　なお，決算整理前の貸倒引当金の期末残高は¥2,200であった。

損益計算書

令和×1年4月1日から令和×2年3月31日まで

費　　用	金　額	収　　益	金　額
売　上　原　価		売　　上　　高	
給　　料		（　　　　）	
広　告　宣　伝　費			
（　　　　）			
貸倒（　　　）			
（　　　　）			
（　　　）利　息			
（　　　　）			

貸借対照表

令和×2年3月31日

資　　　　産	金　　　額	負債・純資産	金　　　額
現　　　　　金		支　払　手　形	
当　座　預　金		買　　掛　　金	
普　通　預　金		（　　　　　　）	
売　　掛　　金		（　　　）利　息	
（　　　　　　）		（　　　　　　）	
商　　　　　品		（　　　　　　）	
（　　）保険料		（　　　　　　）	
（　　　）利　息			
建　　　　　物			
（　　　　　　）			

<解答手順>

1　参考資料をもとに，決算整理後残高試算表を完成させる。

2　完成した決算整理後残高試算表をもとに，収益・費用の勘定は損益計算書
　　で，資産・負債・純資産（資本）の勘定は貸借対照表で表示する。

✸ 事前学習解答

損益計算書
令和×1年4月1日から令和×2年3月31日まで

費　　用	金　　額	収　　益	金　　額
売　上　原　価	812,000	売　　上　　高	1,160,000
給　　　　　料	174,000	（受 取 利 息）	1,400
広 告 宣 伝 費	116,000		
（ 保 険 料 ）	11,400		
貸倒(引当金繰入)	7,000		
（減 価 償 却 費）	15,600		
（支 払）利 息	2,000		
（当 期 純 利 益）	23,400		
	1,161,400		1,161,400

貸借対照表
令和×2年3月31日

資　　産	金　　額		負債・純資産	金　　額
現　　　　　金		92,000	支　払　手　形	58,000
当　座　預　金		79,000	買　　掛　　金	68,000
普　通　預　金		100,000	（ 借 入 金 ）	146,000
売　　掛　　金	184,000		（未 払）利 息	800
（貸 倒 引 当 金）	△9,200	174,800	（ 資 本 金 ）	517,600
商　　　　　品		144,000	（当 期 純 利 益）	23,400
（前 払）保 険 料		1,800		
（未 収）利 息		1,200		
建　　　　　物	260,000			
(減価償却累計額)	△39,000	221,000		
		813,800		813,800

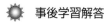 **事後学習解答**

損益計算書
令和×1年4月1日から令和×2年3月31日まで

費　　用	金　　額	収　　益	金　　額
売　上　原　価	840,000	売　　上　　高	1,200,000
給　　　　料	180,000	（受　取　利　息）	2,400
広　告　宣　伝　費	120,000		
（保　険　料）	12,000		
貸倒(引当金繰入)	7,600		
（減価償却費）	13,500		
（支　払）　利　息	2,000		
（当期純利益）	27,300		
	1,202,400		1,202,400

貸借対照表
令和×2年3月31日

資　　産	金　　額		負債・純資産	金　　額
現　　　　金		114,800	支　払　手　形	66,000
当　座　預　金		189,000	買　　掛　　金	88,000
普　通　預　金		150,000	（借　入　金）	146,000
売　　掛　　金	196,000		（未　払）利　息	800
（貸倒引当金）	△9,800	186,200	（資　本　金）	600,000
商　　　　品		144,400	（利益準備金）	60,000
（前払）保険料		2,400	（繰越利益剰余金）	57,300
（未収）利　息		1,800		
建　　　　物	270,000			
（減価償却累計額）	△40,500	229,500		
		1,018,100		1,018,100

索　引

執筆者紹介（50音順）

國﨑　歩（くにさき　あゆみ）
1984年　福岡県福岡市生まれ。
2018年　鹿児島国際大学大学院経済学研究科地域経済政策専攻博士後期課程修了
　　　　博士（経済学）
現　在：九州共立大学経済学部専任講師
論　文：「エコ購買態度の規定要因に関する一考察」『企業経営研究』（第19号・2016年），
　　　　「日系サービス企業のマーケティング戦略への影響要因－中国と台湾の日系
　　　　サービス企業の比較分析」『東アジアの社会・観光・企業』（五絃舎・2015年）

小谷　学（こたに　まなぶ）
1974年　福岡県大野城市生まれ。
2010年　神戸大学大学院経営学研究科博士課程後期課程修了　博士（経営学）
現　在：熊本学園大学商学部准教授
論　文：「アナリスト予想値の性質と公的情報の影響」『会計プログレス』（第16号・2015
　　　　年），「レギュレーションFD，アナリストによる情報取得，および公共財問題」
　　　　『会計プログレス』（第18号・2017年），「財務会計学修のゲーミフィケーショ
　　　　ン－「モダンアート ® 」とその応用－」『Disclosure&IR』（第6巻・2018年）

堺　貴晴（さかい　たかはる）
1981年　熊本県熊本市生まれ。
2012年　熊本学園大学大学院商学研究科博士後期課程修了　博士（商学）
現　在：別府大学国際経営学部准教授
著　書：『「租税特別措置」の総合分析－租税法，租税論，会計学の視点から』（分担執
　　　　筆・中央経済社・2012年），『税務会計と租税判例』（分担執筆・中央経済社・
　　　　2019年）
論　文：「租税特別措置の適用実態からみた検証状況について」『公会計研究』（第17巻
　　　　第1・2号・2016年），「中小企業における適法な会計処理について－税法基準
　　　　と会社法431条との関係－」『九州経済学会年報』（第54集・2016年），「法人
　　　　税法における部分貸倒れの解釈について」『税研』（第207号・2019年）

寺井　泰子（てらい　やすこ）
1976年　福岡県太宰府市生まれ。
2011年　福岡大学商学研究科商学専攻　博士課程前期修了　修士（福岡大学）
現　在：西南女学院大学人文学部非常勤講師
著　書：『簿記会計入門』（分担執筆・五絃舎・2013年）
論　文：「IFRS教育の検討－公開草案「顧客との契約から生じる収益」より－」日本商
　　　　業教育学会九州部会論集（第10号，2012年）

中西　良之（なかにし　よしゆき）
1959年　北海道釧路市生まれ。
2014年　北海道大学大学院経済学研究科博士課程単位取得退学。国税庁，金沢星稜大学
　　　　を経て現職。
現　在：北海商科大学商学部教授
著　書：『税法学・税務会計論の要点』（分担執筆・五絃舎・2019年）
論　文：「日本と台湾の中小企業会計の現状と課題」『亜洲服務業管理應用興未来展望国
　　　　際研討會（台南科技大学）国際学術研究大会論文集』（2018年），「中小企業会
　　　　計におけるIFRS for SMEsの位置付け」『東Asia　企業経営研究』（第10号・
　　　　2017年），「多国籍企業における国際課税の潮流-海外インターネット取引企業
　　　　の課税事例を中心として-」『経営会計研究』（第17巻2号・2013年），「国際的
　　　　二重課税排除の制度分析」『経済学研究（北海道大学)』（第60巻1号・2010年）

中原　康征（なかはら　やすゆき）
1971年　京都府生まれ。
1998年　福岡大学大学院商学研究科修了
2008年　九州情報大学大学院経営情報学研究科満期退学
現　在：東海大学経営学部講師

日野　修造（ひの　しゅうぞう）
1963年　福岡県朝倉市生まれ。
2010年　福岡大学大学院商学研究科博士課程後期修了　博士（商学）
現　在：中村学園大学流通科学部教授
著　書：『非営利組織体財務報告論－財務的生存力情報の開示と資金調達』（単著・中央
　　　　経済社・2016年），『財務報告の方法と論理－複式簿記システム概説』（分担執
　　　　筆・五絃舎・2019年）
論　文：「非営利組織会計観とアンソニー概念フレームワーク－営利・非営利会計統一
　　　　可能性を見据えて－」『会計理論学会年報』（第33号・2019年），「非営利組織
　　　　会計における利益測定法の検討－アンソニー概念とFASB概念を融合した2段
　　　　階分類法の提案－」『流通科学研究』（第19巻第1号・2019年）

190

森田　英二（もりた　えいじ）
1969年　東京都世田谷区生まれ。
2015年　九州大学大学院経済学府経済システム専攻博士後期課程単位修得　満期退学
現　　在：宮崎産業経営大学経営学部准教授
著　　書：『経営学』（分担執筆，創成社，2005 年）
論　　文：「地方公会計における基準モデルの軌跡と統一基準への展開」『公会計研究』（第
　　　　　20 巻第 1 号・2019 年）

山口　義勝（やまぐち　よしかつ）
1947年　福岡県田川郡生まれ。
1969年　福岡大学商学部商学科卒業
著　　書：『簿記入門』（分担執筆・五絃舎・2013 年）

編著者紹介

篠原　淳（しのはら　あつし）

1960年　佐賀県鳥栖市生まれ。

2007年　早稲田大学情報生産システム研究科博士後期課程　単位取得退学

現　　在：埼玉学園大学教授

著　　書：『簿記原理』（分担執筆・税務経理協会・1996年），『会計学の基礎』（分担執筆・税務経理協会・1999年）

論　　文：「退職給付会計と発生主義」『経営論集』（第42巻第2－4号・1995年3月），「年金会計基準における定義規定とその意義」『税経通信』（第54巻第8号・1999年6月）

古市　承治（ふるいち　しょうじ）

1958年　福岡県北九州市生まれ。

2000年　九州産業大学大学院経営学研究科博士後期課程　単位取得満期退学

2019年　福岡国税局定年退職　税理士登録

現　　在：税理士法人たかはし事務所　税理士，長崎県立大学教授

著　　書：『経営の新課題と人材育成』（分担執筆・学文社・2001年），『現代会計学の諸問題』（分担執筆・福岡丸善出版サービスセンター・2004年）

論　　文：「環境会計情報に関する一考察－環境負債と環境引当金を中心にして－」『経営研究』（創刊号・1999年），「環境税制と会計制度－租税特別措置法とグリーン税制を中心にして－」『経営研究』（第2号・2000年）

梅田　勝利（うめだ　かつとし）

1970年　山口県防府市生まれ。

2005年　東亜大学大学院総合学術研究科一貫制博士課程修了　博士（学術）

現　　在：九州共立大学経済学部教授

著　　書：『税務会計論』（分担執筆・五絃舎・2015年），

論　　文：「連結納税に関する一考察」『企業経営研究』（第9号・2006年5月）

現代の簿記論

2021年2月20日　初版第1刷発行
2023年7月20日　初版第2刷発行

編著者　篠原　　淳

　　　　古市　承治

　　　　梅田　勝利

発行者　大坪　克行

発行所　株式会社税務経理協会
　　　　〒161-0033東京都新宿区下落合1丁目1番3号
　　　　http://www.zeikei.co.jp
　　　　03-6304-0505

印刷所　光栄印刷株式会社

製本所　牧製本印刷株式会社

本書についての
ご意見・ご感想はコチラ

http://www.zeikei.co.jp/contact/

ISBN 978-4-419-06693-2　C3034